BEL
新書
1

死と生

——教会生活と礼拝——

山下萬里［著］

YOBEL,Inc.

装丁
Logos Deign
長尾 優

山路は、確かに越えられ

日本センド派遣会総主事　宮村武夫

山下萬里《ばんり》先生に、一度も私はお会いしたことがありません。
それなのに、ご召天後八年に出版された本説教集を、今回深い心のうなずきをもって熟読いたしました。

山下先生がひたすら伝え続けておられる聖書に同じく心捉えられ、キリストご自身に導かれている一後輩僕《しもべ》仲間（黙示録二二8〜9）として、先達の説教に対する一貫した献身的努力に敬意を払います。本書を構成する八篇の説教が、いずれも南沢集会・家庭集会でのものであると知り、本物の牧師ここにありと励ましを受けました。

確かに山下万里先生にお会いしたことはありません。しかし本書に接する前から、山下先生は、私にとって、誤解を恐れないで言えば、俗にいう気になる存在でした。

一つにはこうです。一九七〇年から一九八六年四月まで山下先生は、日本キリスト教団・国分寺教会の牧師として牧会に当たっておられました。それは初めも終わりもまさにぴったり私の日本新約教団・青梅キリスト教会牧師時代と重なり合います。中央線国分寺と当時の青梅線青梅、また日本キリスト教団と日本新約教団との関係から、もちろん山下先生は、私の存在などご存知なかったに違いありません、しかし私の方は、何かとそれなりの情報が伝えられていました。

そうしたなかで、山下先生の一つの文章に目が留まり、印象に強く残ったのです。山下先生が、西村清雄作詞の『山路越えて』を、「あれは勇ましい宣教の讃美だ」と受け止め、発言なさっていたのです。残念ながら、正確な記憶も薄れ、出典を調べるすべもありません。しかし、あの『山路越えて』に思い出のある私にとって、山下先生の評価はとても嬉しかった印象は鮮明なのです。

一九五七年一月から、高校卒業を待てずに、万代恒雄先生の松山開拓伝道の手伝い、「宮村君、主イエスさまのために、悪いこと以外何でもしよう」と気合十分の伝道初陣の期間に、聞いて知っていました。松山から宇和島への伝道旅行の途中での経験から、作詞者の西村先生は、この讃美歌を作詞なさったと。

山路こえて　ひとり行けど、
主の手にすがる　身はやすし

山下萬里先生が、一九六〇年から一九七〇年まで松山教会を牧会なさったことを後に知り、伊予松山での生活体験に裏打ちされた、「山路こえて」理解なんだと合点がいきました。

ところがです。二〇〇八年二月、同じ四国の讃岐は丸亀の丸亀聖書教会の主日礼拝後、当時九四歳の芝房子さんが、驚いたことには、「あの時、西村先生は、宇和島の私の実家に向かっておられたのです」と、おっしゃるではありませんか。

そして次の年、同じく二月、「私の書いた小さな冊子です」と、ふじ色の品の良い冊子を手渡してくださいました。芝房子著『小さな歌声で』（聖恵授産所、二〇〇八年）。五六頁の美しいものです。

そこには生き生きと記されています、土佐の旧家の一人の娘が横浜のフェリス女学院で学び、卒業後土佐にキリスト者となって戻ってから展開される三代、四代と貫く恵みの結晶が。

山路は、確かに越えられた、西村清雄先生と共に、伊予松山から宇和島へと。

そればかりではありません。確かに日本の教会史においての三代、四代、さらに五代、六代と世代を越えて。

芝房子さんも、小冊子『小さな歌声』を、もともとお孫さんのために書き出したのです。

今また、山路は、確かに越えられているのです。山下萬里先生と共に、松山から国分寺へ、国分寺から東所沢へと確かに。

しかもそればかりでない。山下先生の召天・死後八年の年月を越えて本書『死と生』へと確かに。

特にその七番目、死と生（1）と八番目、死と生（2）は、山下先生の白鳥の歌。

キリストによって新しくされた生命は続きます。その中で、地上の生活の終わりとしての体の死はあるのですが、それは命の終わりではありません。その体の死をも越えてなお命はあるのです。

（本書二三五頁）

山路は、そうです、死は確かにキリストにあって越えられて、今後も前進あるのみ。

（聖望キリスト教会宣教教師、宇都宮キリスト集会牧師、名護チャペル協力宣教師）

死と生 —— 教会生活と礼拝 ——

目次

1 感謝

テサロニケの信徒への手紙一　五章16〜18節

感　謝

いつも喜んでいなさい。絶えず祈りなさい。どんなことにも感謝しなさい。これこそ、キリスト・イエスにおいて、神があなたがたに望んでおられることです。（Ⅰテサロニケ五16〜18）

初めての集会で、初めての方々にお話しをするというのはとても緊張するもので、私もだいぶ緊張しております。お話しすることも、どういうことを申し上げるのがいいのか、いろいろと考えさせられるわけです。今日（十一月八日）は、少し気軽な気持ちでお話しをしたいと思っております。

収穫感謝日（収穫感謝祭）と勤労感謝の日

お話しの題も「感謝」という題を選びました。何故こういう題を選んだかといいますと、教会に行ってらっしゃる方はご存じと思いますが、十一月の第3の日曜日か、第4の日曜日は、その年によりますが、その日を収穫感謝祭、あるいは収穫感謝日と呼んでいます。教会ではよくその時に果物とか、あるいは野菜とかを持って集まりまして、それを聖壇に飾って感謝の礼拝をし、それからまた後、果物とか野菜、野菜はちょっともらってすぐに食べるというわけにはいきませんので、果物などをいろいろな施設などにお届けしたりすることをいたします。そういう日が収穫感謝祭（日）としてあるわけです。また十一月二三日は「勤労感謝の日」があります。それもありまして「感謝」という題を選んだわけであります。

収穫感謝、これはもういろいろな所、おそらく世界中どこに行きましても、こういう祭りがどんな民族の中にもある。聖書を見ますと、ユダヤ人たちもやはり収穫感謝の祭りというものを持っています。ユダヤには三つの大きな祭がありますが、その一つは「過越祭《すぎこしさい》（過越の祭：口語訳）」と言われております。ユダヤの暦《こよみ》は、一種の太陰暦《たいいんれき》ですが、ちょうど日本の旧暦に少し似ております。従って私どもの使っております太陽暦《たいようれき》とは暦が合いませんし、年によって少しずれるのです。

大体三月の下旬から四月中旬までの間にこの過越の祭があるのです。教会の方では復活祭《ふっかつさい》（イースター）を祝いますが、復活祭は過越祭ではありません。しかし過越祭と連動していますので、復活祭の方も、三月の下旬から四月中旬までの間にやってまいります。二番目は、「七週祭《ななしゅうさい》（七週の祭：口語訳）」、「七つの週の祭」と言っております。これは過越祭から7週間後、日数からしますと50日目、そこでこの日のことを「五旬祭《ごじゅんさい》（五旬節：口語訳）」ともいうのです。今日では聖霊降臨日、ペンテコステと呼んでいますが、ペンテコステといいますのは第50という意味の言葉です。ですから聖霊が降ったというのでペンテコステというわけではないのです。それはユダヤ教のお祭り、つまり「五十日祭」、「七週祭」から来ているわけです。これもやはり連動いたしますので、五月の中旬から六月の下旬にかけて七週祭がやってまいります。三番目が「仮庵祭《かりいおさい》（仮庵の祭）」と申します。〝かり〟は仮に、という仮です。〝いお〟というのは庵《いおり》という意味です。小さな小屋というところですが、この仮庵祭というのが九月の下旬から十月の中旬までにきます。

　ところがこれが、いずれも本当は収穫感謝祭なのです。過越祭、三月下旬から四月中旬にかけて行われるのは大麦の収穫感謝。その次の五月の中旬から六月下旬にかけてというのは小麦の収穫感謝。そうすると九月の下旬から十月中旬というのはお分かりと思いますがブドウなのです。ブドウの収穫感謝になります。

　元々は収穫感謝の祭だったものを、ユダヤ人たちは――ユダヤ人の歴史で、「出エジプト」というエジプトで奴隷になっていたところから救い出された歴史、映画の『十戒』をご覧になった方もいらっしゃると思いますが――「出エジプト」の出来事と結び付けました。それを祝う毎に自分たちのかつてのこと、自分たちの歴史の中にあった神さまの大きな恵みを思い起こす。「過越祭」はエジプトを出ていきます時に、神さまの災いはこのイスラエルの人たちの家は過ぎ越していった。そしてエジプトの人々がその災いを受けたということを覚える（出エジプト記一二14「この日は、あなたたちにとって記念すべき日となる。あなたたちは、この日を主の祭りとして祝い、代々にわたって守るべき不変の定めとして祝わねばならない」）。ですから、その祭の中では出エジプトの出来事を再現するわけです。自分たちで食事をするその時の様子、そのことの中で言葉だけでなく、服装だとか、食事の内容等まで再現する。そういうふうにして覚えるわけです。

「七週祭（七週の祭）」の方は、エジプトを出ましてからシナイ山で神さまから律法をいただいた。あの映画『十戒』の中に出てくるのがこれです。十戒というのが律法の基ですから、それをいただいたことを記念する日なのです。（出エジプト記三四22「あなたは、小麦の収穫の初穂の時に、七週祭を祝いなさい。年の終わりに、取り入れの祭りを祝いなさい」）。

「仮庵祭」（写真、現代の「仮庵祭」風景）というのは、その後イスラエル民族は荒野を四〇年間、正確に言いますと、シナイ山を出ましてからは三八年になるのですが、荒野の放浪の旅をいたします。その間はずっと天幕を張って生活をするわけです。今の天幕ではありません。皆さんは、時々モンゴルの人たちの「蒙古パオ」という小さな天幕をテレビなどでご覧になることがあると思いますが、似たようなものです。そういうような天幕を持って生活をした荒野の放浪の旅を思い、小さな天幕といいますか小屋を、自分の庭とか家の屋上等に建て、そこで生活をする七日間。そういうことを再現するわけです。元々はブドウの収穫感謝の祭ですから、収穫の間、一週間から十日位の間、ブドウ畑の中の仮小屋に住んで収穫をし、それを絞って、という作業をするわけです。それを荒野での旅、そこでの天幕生活に結び付けたのです（レビ記二三34「イスラエルの人々に告げなさい。第七の月の十五日から主のために七日間の仮庵祭が始まる。」）。

このようにして「収穫感謝」は古くからずっと祝われ続けてまいりました。では、今日の収穫感謝祭は一体どういうふうに始まったのか。

これは一六二〇年に英国からオランダを経て、一〇二名の人たちがアメリカのボストン近くに着きました。ボストンの近くにその人たちが着いた記念の場所があります。乗ってきた船はメイフラワー号（写真、the Mayflower）ですが、五月の花といいます。その後これは再造船されましたが、それがそこにはそのまま繋がれています。その当時の英国は、国教会以外のキリスト教は許されませんでした。それで、国教会以外のクリスチャンの人たち、ことにピューリタンといわれる人たちが、信仰の自由を求めてオランダを経てアメリカにまいりました。着いたのがちょうど秋の暮れ、今頃です。そのボストンの地域というのは北海道と同じ位の緯度ですから、今日もずいぶん寒かったのですが、このような時に着いたわけです。ですから食べ物もありませんし、また船の中で病気がはやりまして、多くの人が亡くなるという大変な状態でありました。やっとの思いで冬を越して春を迎えました。大体こういうふうにして来た人たちというのは、知識階級の人たちが多かったようですから、畑を耕すことも種を蒔くことも知りませんでした。その土地に居ましたインディアンの人たちに教えてもらいまして、畑を耕し、種を蒔き、それを育てる。その間夏までには半数の人が亡くなったといわれています。秋になりまして最初の収穫、これはもう本当に喜びの収穫だったわけです。インディアンの人たちも招きましてお祝いをする。それが収穫感謝祭であります。その時に食べたのがかぼちゃのパイ、それから七面鳥。私は、あまりかぼちゃのパイは好きではありません。アップル・パイの方が美味しいと思います。七面鳥も、豪勢だなと思うかも知れませんが、今でこそごちそうのような気がしますが、これは野生の七面鳥なのです。それしかなかったのですから、それを捕まえ、料理して食べました。それは本当に貧しい食事であったのですが、しかし感謝に満ちた食事でもありました。そのことが覚えられまして、一八六四年に、時の大統領リンカーンが、十一月の第４木曜日を収穫感謝祭と決めたのです。祝日にしました。これは国家的な祝日です（アメリカ合衆国とカナダの祝日のひとつ。

Thanksgiving と略称されたり、あるいは七面鳥の日〈Turkey Day〉と呼んだりもする。アメリカでは十一月の第4木曜日、カナダでは十月の第2月曜日になっている)。

それがずっと今日まで伝わっているのですが、日本では十一月の第4の木曜日というのはちょっと教会では取り上げにくいものですから、従ってそれを日曜日に持ってきたというのが今日の収穫感謝祭のいわれです。しかし今は、アメリカでもそうですけれども、収穫感謝祭の日の意味がだんだんと薄れつつあります。やはり私どもは、畑を耕して種を蒔いて収穫をして、ということはあまりしません。――家庭菜園をやってらっしゃる方はそういうこともなさるでしょうが――従って収穫の喜びは本当は耕したり種を蒔いたりする労苦の結果です。そういうことがありませんと日毎の感謝というのが本当に起こってこないわけです。非常に意味が薄れました。

詩編一二六編を見ますと次のように書いてあります。

涙をもって種蒔くものは
喜びの声をもって刈り取る。
種を携え、涙を流して出て行く者は、
束を携え、喜びの声をあげて帰ってくるであろう。　(5～6節)

私はやはり収穫の喜びというのは、涙を流して・耕して・種を蒔くという経験がないと、本当には出てこないものだろうと思います。ですから、今は収穫感謝祭の日はごちそうを食べる日になってしまいました。ごちそうを食べて、いろいろなものを食べて、「あー、食った、食った」というのが収穫感謝祭になっているわけです。

事実こういうようなことの中から、最初の収穫感謝祭が行われたのですが、まもなくこの人々は、せっかく収穫のために畑を耕し、種を蒔くということを教えてくれた仲間であったはずの先住民のインディアンを、だんだん追い払うようになりました。そういうことが起こってまいりました。そういうことを思いますと、感謝という事柄は非常に忘れられやすい、長く続かないということを私は感じます。ちょっと感謝をして、「ああ、よかった」、また「ああ、感謝です」とこう言っても、それは長く続かない。何か次のことが起こりますと、それは別のものになってしまうことが起こってまいります。こういうことを感じさせられています。

もう一つの十一月二三日の勤労感謝の日ですが、この日は元々は新嘗祭《にいなめさい》。今の方はご存じありませんでしょうが、新嘗祭とは、これは大嘗祭《おおにえのまつり》（だいじょうさい、おおむべのまつりとも呼ぶ）という呼び方がありますから、〝しんじょうさい〟と呼ぶのが本当かも知れないと思うのですが、天皇がその年の新穀を祖先に捧げる儀式でした。それが新嘗祭。戦後そういうことができなくなりましたので、しかしそれを形を変えてということで「勤労感謝の日」として残したわけです。この勤労感謝の日の主旨、元々の新嘗祭の時は秋の収穫を喜び神々に感謝を捧げ、次の年の豊作を祈るということだったのですが、これを勤労感謝の日にしました時に主旨を定めました。「勤労をたっとび、生産を祝い、国民たがいに感謝しあう」というのがその主旨なのです。しかし今はその意味は全く分からなくなってしまって、ただの休みになってしまいました。

私はこの間、関係のある保育園にまいりましたら、この収穫感謝祭をやろうということになり、収穫感謝祭と勤労感謝というのを両方合わせているのですが、いろいろな仕事をしてくださる方の所に行きましてそこで感謝をする。例えて言いますと消防署とか、駅とか、清掃工場とかに行きまして感謝をするのです。そこの保育園はちゃんと〝感謝の歌〟を持っておりまして、いろいろな人に感謝をするのです。８番位までありまして、その中には牧師も入っています（笑い）。

国分寺に居ました時には園児が先生に連れられて牧師館までやって来て、「牧師先生ありがとう」と言ってくれるのです。嬉しかったですねえ。まあ、そんなことがあるのですけれども、私はこう思います。今は勤労に対する感謝がなくて、これはいろいろな仕事をしてくださる人に感謝しましょうというだけのことなのです。そうではなくて、「勤労をたっとび、たがいに感謝しあう」というのですから、自分の方も勤労についての喜びがある、「ああ仕事があって働かせていただいて、よかったなあ」という思いがないとこれは感謝にならないのです。それは忘れられている。今大勢の人が働きますけれど、「ああ、働いて良かったなあ」というふうに思わないですね。「ああ、済んだ、良かった」ということです。ですから勤労感謝の日という意味が失われかけているのです。

ついこの間、小さなパンフレットでバングラデシュ（People's Republic of Bangladesh）のことを見ました。バングラデシュというのは非常に貧しい国です。そこに日本人の小学生がジュート工場（写真）を見学に行くわけです。ジュートというのは麻です。ジュート麻といっていますが、バングラディッシュの小さな籠だとか人形だとか、このごろ時々店頭で見かけます。そういうものを作って手内職を与えて人々の生活を助けようというのですが、元々はジュート麻は麻袋を作る材料で、今でも麻袋を作っているのです。そのジュート工場、麻袋を作る工場に見学に行きます。するともう薄暗くてじめじめしていて埃っぽくてひどい所だそうです。そういう所でみんな働いているのです。大変な所だなあと思いながら見学をしまして、最後に働いている人に聞くのです。「ここは薄暗くてほこりっぽくてじめじめしていて、空気も悪いし結核も多いことですが、何か嬉しいと思うことはありますか。」す

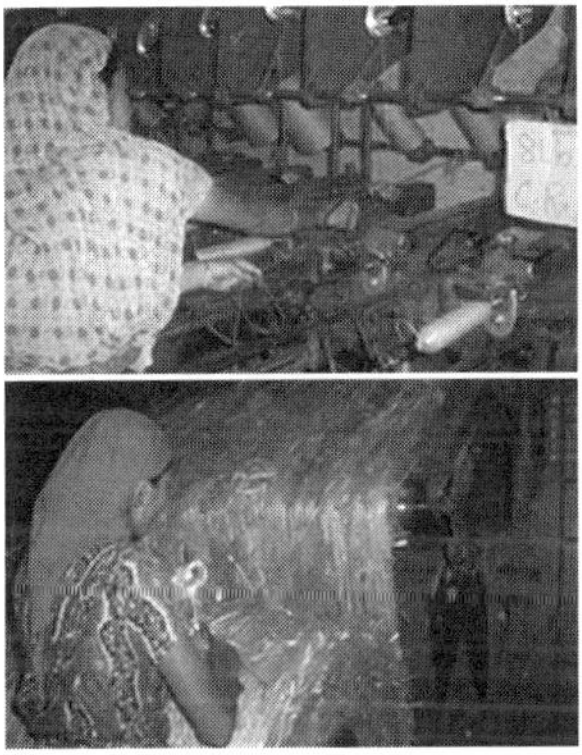

るとそこで働いていた青年が答えるのです。「仕事があって嬉しい。」この青年は自分が働いているということが本当に嬉しい、感謝がある。私どもにはこういう感謝がない。だんだん世の中が不況になってきて仕事がない人が増えてくると、仕事があって感謝だということが起こるかも知れませんが、そんなふうになりたくはないですけれど、しかし仕事があって嬉しいという感謝がなくなってきているのではないか。そういうことを考えてみますと、誰に何を感謝するかという事柄がよく分からなくなっているのではないか。

二つのことが言えます。一つは、感謝は長く続かない。すぐ忘れる。もう一つは、誰に何を感謝するのかが今は分からなくなっている。ですから今は非常に感謝することが少なくなっているのです。ついでながら申し上げますが、日本の人はあまり「ありがとうございます」と言わないのです。そうではなく「すみません」と言うのです。あれは妙な言葉です。何かしていただくと、「すみません」。「ありがとう」じゃないのです。辞書を繰ってみました。「すみません」というのはどういうことか。申し訳ないという意味。従って「これだけでは済ますことが出来ません」という意味なのだそうです。そうすると感謝じゃないのです。何かこちら側の気持ちなのです。こっちが何かしなくちゃいけないことを言い表している。

感謝を教えることはとても難しいことだと思います。今は本当に子どもたちは感謝をしないです。

今の子どもたちに非常に特徴的な状況というのは、いつも何かに欠乏していると いう状況があります。ですから感謝ということがないのです。もうずいぶん前のことですが、中学生の夏季学校修養会で「感謝」というテーマを付けました。これは彼らが選んだのです。自分たちほども感謝が少ないらしいから、感謝というテーマにしようと言って選んだのです。それでいろいろ話を聞いたり、話し合いをしたりして学びました。最後に結論、自分たちには感謝がどんなに少ないかということが分かった、というのです。それでは感謝するようになったかというと、誰に何を感謝したらいいか分からないのですから、やはり感謝が出てこない。これが私たちの状況だと思います。

だからそういう中で感謝を教える。ことにこんな豊かさの中で感謝することを教えるというのはとても難しいことです。私は、これを教えるのは――保育園の先生方にも言ったのですが――「保育園では出来ませんよ」と言ったのです。やったら押しつけになります。「さあ、皆さん感謝しましょう」。みんな、子ども、生徒たちが「ありがとうございます。」本当の感謝になっていないのです。

私はこれを教えるのはやはり家庭だと思います。ところが今家庭では教えない、いっぱい物があって、そして次々に子どもは物を買ってもらい豊かさに接するのですが、感謝を教えないのです。これはもうずいぶん前に幼稚園の園長をしていた頃のお話なのですが、お父さんが「おーい、新聞」と呼ぶのです、布団の中から。そうすると子どもも布団の中から手を出して、「おーい、マンガ」お父さんが「おーい、タバコ」と言うと、子どもも、「おーい、エビせん」。そこでは感謝はないのです。

私はむしろアメリカの家庭、普通のしっかりした家庭では感謝を教えているなと思います。やはり「ニュース・ペーパー、プリーズ」ということはありません。奥さんは持って来ます。そうすると必ずご主人は「サンキュー」と言うのです。お茶を持って来ると「オー、サンキュー」と言うのです。ご主人がそういう中でやはり感謝をする。誰に何を感謝するかということが次第に覚えられていくのではないかと思います。

金田福一牧師のこと

さて、今日の聖書の個所は、テサロニケの信徒への手紙一の五章、先ほど読んでいただいた大変有名なところですから皆さんよくご存じと思います。

いつも喜んでいなさい。
絶えず祈りなさい。
どんなことにも感謝しなさい。

たいていここで終わっているのです。私も何度かこの言葉を書きましたが、しかしその後、「これこそ、キリスト・イエスにおいて、神があなたがたに望んでおられることです。」

「いつも喜んでいなさい。絶えず祈りなさい。どんなことにも感謝しなさい。」

しかし私たちは、こんなことはいつもできるか、と思います。出来ないことがいっぱい起こって来るのです。しかしパウロは「これこそキリスト・イエスにおいて、神があなたがたに望んでおられること（これがキリスト・イエスにあって神が求めておられること：口語訳）」といっています。求めておられることですから、これは神さまがそういうふうにすることができるようにしていてくださることなのです。私は、このところを思いますと、四国におりました時に、四国の教会で牧師をしておられました金田福一《かねだふくいち》（一九一四〜一九九二、愛媛県城辺町生まれ。次頁写真：提供は日本基督教団 三島真光教会『創立百周年記念誌』より）という先生のことをどうしても思い出すのです。その方のことをちょっとご紹介したいと思います。

金田福一という方はもう亡くなられました。つい一年程前に亡くなられました。牧師でしたけれども、本当は神学校を出ていないのです。中学しか出ておられない。そして、中学を出まして役場の給仕に入ったのです。それからずっと勤めておられました。青年の頃に洗礼を受けられましたが、しかし体を悪くしまして仕事を辞めなければならなくなり、さらに病気になられ、それも大分ひどい病気になられたものですから貧乏のどん底に落ち込んだのです。教会からもすっかり離れておられました。でも心のどこかには自分はクリスチャンだという気持ちが残っていたのだと思いますが、教会にはもう行こうとはされなかったのです。だんだん、だんだんと子どもも増えてくるし、自分は病気だし、家は貧しいし、本当に行き詰まってしまったのです。で、奥さんはもう「生きていられません。もう

死にましょう。みんなで死にましょう」こう言って、何遍も言う。その度に「クリスチャンが死ねるか」と言って怒鳴りつけるけれども、心の中には絶望感と、やりきれなさ、そういうものがあったわけです。これから先どう生きていったらいいかということが分からない。ただ死ななかったのは、子どもが6人もいて、多かったというそのことが一つの引き止めになっていたのかも知れない。

　そういうような毎日毎日を送っておられたある日のこと、ちょっと気分がよかったので散歩に出た。散歩に出て歩いていた時に、自分の心の中に声が響いた。「お前はイエスさまの命によって生かされているではないか。」それは、感動的な響きではなかったけれど、しかし心にしみ入るような響きだった。「お前はイエス・キリストの命によって生かされているではないか。」そして、それがずうっと心の中に落ち着いてきた時に、心の中に今まで感じたことのなかった安らぎを本当に覚える。家に帰ると四畳半一間、そこに6人の子どもと奥さんとが貧しい食卓を囲んでいる。そこへ行ってみんなで箸を取ろうとした時に言ったそうです、「感謝しようじゃないか」。奥さんはびっくりして顔を見たそうです。いつもなら「こんな時になんで感謝ができるんです」って、こういう言葉が跳ね返ってくるはずなのにそうならなかった。何か感じたに違いありません。しばらく黙っていたけれども、「そうしましょう」と言ったのです。それで一緒に感謝をしたのです。感謝をしたら本当に心の中に平安がみなぎったのです。

その日から食事毎に、あるいは朝に晩に讃美歌を歌って感謝することが始まりました。そうすると不思議なことにいろいろなことで道が開かれてきたのです。相変わらず貧しくて、自分の体はよくならなかったけれど、しかし本当に笑顔で笑い声に満ちた生活をするようになったのです。回りの人々にうわさが立ったそうです。「あの家は大分お金を貯めているらしい、そうでなければあんなに笑って歌を歌っている生活はできない。」それでお金を貸してくれという人まで来たそうです。

それからこの方は変わられたのです。そしてやがて教会からの招きで、資格はありませんけれども、教会のお世話をして欲しいと頼まれて、信徒伝道者として十年なさいました。十年すると伝道師の資格が与えられます。それからまた三年して牧師の試験を受けて牧師になられたのです。この方の口癖は、「まず感謝することから始めよう。『主よ、感謝いたします。』そう言いなさい。そうすればそこから新しい事柄が始まっていく。」

私共は、何かよいことがあれば感謝するけれども、「こんなことで感謝できるか」と、こういう気持ちがある。だから不平や不満を言う。しかしこういう私たちをイエス・キリストの命が生かしてくださる。このイエス・キリストの命によって生かされているではないか、という事柄が本当に分かりますと、私たちはまず「主よ、感謝します」ということから始まるのです。そう言って始めますと、私たちには新しい歩みが始まってくることになります。私も、一日の歩みを「主よ、感謝します」という言葉で始め、そして一日の終わりを「ああ、今日は嫌なことがあった。ああ、もう嫌だった。疲れた」というのではなく、「主よ、感謝します」というふうに一日を終わりたい、そう思っています。私たちには嫌なことや辛いことや悲しいことがありますけれど、しかしそれを超えてやはり感謝ということが私たちの心に起こってくるのです。

「いつも……どんなことにも感謝しなさい。（いつも……全ての事について、感謝しなさい。：口語訳）」というのは、そういうことなのです。私はこれがキリスト者の、キリストによって生かされている者の毎日の生活の在り方だと覚えさせられています。どのような人も感謝することから始めますと、そこに新しい生活が起こってまいります。

お祈りします。

天にいます父なる神さま、

Hさんのお宅で家庭集会を開かせてくださいまして感謝いたします。また、このことのためにHさんご夫妻、またそのご家族の方々が労してくださいまして感謝いたします。こうして多くの方が集まってくださいまして感謝いたします。

そしてまた、「主イエス・キリストにあって感謝いたします」と言わせていただくことを学びまして感謝でございます。ともすれば感謝を忘れ、不平や不満や悲しい思いや苦しみを我慢するということだけで、その日その日を終わってしまいがちな私共でございますが、そうした事柄の中にもあなたは恵みを満たし、感謝すべき事柄をお与えになっておられます。

どうか、そのことを見いだし感謝をもって一日を始め、感謝をもって一日を終わることができますように、「主よ、感謝です」とそう言わせていただく歩みを始めることができますように導いてください。

どうかこうしてここにおられるお一人おひとりの内にあなたの祝福が豊かに満たされますように。またどうかこのご家庭の上にもあなたの祝福がいっそう豊かにありますように。連なるところの方々、遠く離れておられる方々、その一人ひとりにもあなたの祝福が豊かにありますように。

主イエス・キリストの御名によりましてお祈りいたします。アーメン

（一九九三・十一・八　南沢集会）

2　親切

ヨハネによる福音書一三章12〜17節

親切

さて、イエスは、弟子たちの足を洗ってしまうと、上着を着て、再び席に着いて言われた。「わたしがあなたがたにしたことが分かるか。あなたがたは、わたしを『先生』とか『主』とか呼ぶ。そのように言うのは正しい。わたしはそうである。ところで、主であり、師であるわたしがあなたがたの足を洗ったのだから、あなたがたも互いに足を洗い合わなければならない。わたしがあなたがたにしたとおりに、あなたがたもするようにと、模範を示したのである。はっきり言っておく。僕は主人にまさらず、遣わされた者は遣わした者にまさりはしない。このことが分かり、そのとおりに実行するなら、幸いである。

（ヨハネによる福音書一三12～17）

ここにいらっしゃるのはほとんどの皆さんは教会の会員の方々ばかりですから、初歩的なことは少し説明を省かせていただきます。

きょう読んでいただきましたヨハネ一三章は、「最後の晩餐」の記事です。今日、教会で行われている聖餐式の始まりがここにあります。ところが、最初の聖餐式というのは、いわゆる聖餐式ではなかった。それは食事だったのです。ですから私共は聖餐式をします時に最初にパンを分けて、それからブドウ酒を分けます。当時は、食事だったのですから食事の一番最初に祝福してぶどう酒を分け、実際に食事をしまして、食事の途中でパンを裂《さ》いて皆に渡す。食事が一応済みましたら、またぶどう酒を分けてそれを皆でいただく。皆で分けていただくと申しましたけれど、多分飲み回しをしたのだろうと言われています。ですから一つの杯を回していく。日本のお茶の「お濃い茶」というのは、そこから来たのだと言われています。千利休《せんりきゅう》（写真、一五二二〜一五九一）の娘のお吟さんというのはクリスチャンでしたから、多分そういうところから千利休はヒントを得たのだろうと言われています。

いずれにしても、それは食事だったのです。それはともかくとしまして、このことに発して初代の教会では共同の食事をするという事柄がたびたび行われました。共同の食事をするということは、これもただ単なる食事ではなくて、つまりこれが礼拝だったのです。使徒言行録二章44節以下、そこに初代の教会の特徴が記されております。これは初代の教会の特徴なのです。私共が今日読みましても、それはまた一つの教会の特徴だ

ろうと言ってもよいのではないかと思います。特に46節のところに、「家ごとに集まってパンを裂き、喜びと真心をもって一緒に食事をし」というのがあります。ですからこれはそういう意味で聖餐式であり、そしてまたそれは礼拝だったわけです。

その食事というのは、持ち寄りの食事なのです。持って来られない人も当然ありまして、持って来られない人は持って来た人たちから分けていただくという形ですから、おそらく皆持って来た物を出し合って、そこから自由に取っていただくという方式だったと思います。こういうような分け合って食べることは、もう少し前から、主イエス・キリストを中心にする共同体、弟子たちの共同体ですが、そういう共同体ではごくごく当たり前のことだったのです。

皆さんご承知の、荒野で四千人と一緒に食事をしたとか、五千人と一緒に食事をしたという記事がありますけれども、あれはやはり食事を持って来ている人がいたわけです。パンが五つと魚が二匹と書いてあるところもありますけれども、そういう持って来ていた物を皆で分け合って食べる。それがイエスの最初の共同体のごくごく普通のことだったと言えると思います。これが「和」の始まりです。それが〈共に分け合う食事〉が「和」なのです。日本語の「和」という字は、禾《のぎ》偏に口と書きます。ですから、一緒に物を分け合って食べる、というのが「和」なのです。そういうのが日本語にも残っているわけです。

礼拝とアガペー・愛餐

初代の教会ではこの共同の食事、分け合って食べる食事のことをアガペー（agape）と呼びました。ご承知のようにアガペーというのは〈愛〉を意味する言葉です。ギリシア語には愛を意味する言葉がいくつかありますけれども、その中で聖書に出てきますのは三つです。三つといいますのは、正式には二つなのです。一つはエロース（eros）という言葉で、もう一つはフィリア（philia）という言葉です。エロースというのは肉的な愛と受け取られまして、そこからエロティック（erotic）などという言葉が出てきたわけです。しかし本当はそういう性的な、あるいは動物的な意味合いがあったわけではありません。親子の愛、夫婦の愛、そういうものもエロースと呼びました。要するに人間の愛というものは全てエロースという言葉で言い表されたわけです。ですから下品だとかではなくて、ごくごく当たり前の愛、美しいものもあるし、もちろんいかがわしいのもあったかも知れませんけれども、そういうもの全部を含んでいたわけです。フィリアは聖書の中では、兄弟愛と訳されている場合があります。ですから友愛と言った方がいいかも知れません。ギリシア人はこのフィリアを大変尊重いたしま

「禾」字はイネ科植物のアワを意味し、その穂が垂れる様子に象《かたど》る。黄河文明の主食はアワであり、長江文明の主食であるイネは殷周時代を通じて華北では作られることはなかった。また現在の主食であるコムギも後に伝来した。このため「禾」は穀物の代表であり、穀物一般の総称としても用いられた。後代にはイネを意味するようになった。「禾」は茎や穂を含めた全体を指している。

した。おそらく最高の愛と考えていたんじゃないかと思います。

アガペーの方は実はあんまり用いられなかったのです。そしてまた、そんなに特別な意味があったわけではありませんでした。それを初代のキリスト者たちは、特別な意味を与えて神の愛、あるいはキリストの愛を表すのに用いました。しかし、聖書を見ますと、パウロは、「デマスはこの世を愛し、わたしを見捨てて……行ってしまい」（Ⅱテモテ四10）という言葉が出てくるのですが、そこのところでは「この世をアガペーして」と書いてあるのです。だから決して神さまの愛だけをアガペーと呼んだわけではなかったのですが、それを初代の教会ではだんだんと、無条件的な、あるいは無差別的な愛ということを意味するようになったのです。今日はそういう意味でアガペーという言葉が使われています。

初代の教会では〝アガペー〟を、「分かち合って食べる食事」を表す言葉として用いたのです。日本語ではこれを愛餐と訳しています。つまりアガペー・愛餐が即礼拝だったのです。食事の間で礼拝が行われたのではないのです。食事そのものが、分け合って食べる食事そのものが礼拝であったわけです。もちろんその中にはいろいろなお話といいますか――今の説教のような長いものがあったかどうか分かりませんけれど――あまり長いと、何でもかんでも冷めてしまったりしますから、そう長くはなかったのではないかと思います。

その後いろいろなことがありまして、礼拝とアガペー・愛餐とは分けられました。いろいろなことというのは、Ⅰコリントの一一章17節以下のところに出てきますが、持ち寄りですから持って来る人もあれば、持って来ない人もあるわけです。ところが、持って来た人が持って来た食事を勝手に自分で食べてしまい、持って来られなかった人、貧しい人（エビオン）が来てみたら何も食べるものがなかったようなことが起こって、そのために少しがたがたしました。そのことをパウロは非常に怒って、「あなたたちには食事をする家がないのか」（同一一21参照）というようなことをいろいろ言っております。こういうようなことがいろいろあったものですから、分かち合う食事がかえって分裂の種になるというので、礼拝とアガペーとが分離されることになりました。さらに礼拝の中で聖餐式が特別に行われるようになったのです。但し、今の私たちのプロテスタントの教会では、大体よく行う教会で月に1回です。私共の教会はよく行わない教会でして、年に4、5回しか行わないのです。けれどもそういう元の考え方からしますと、聖餐式のない礼拝は礼拝ではないということになるわけです。ですからカトリックであるとか、あるいは聖公会は礼拝の度毎に聖餐をするわけです。聖餐をするという事柄が礼拝なのです、そう考えられています。プロテスタントはその発足の当時から、そういう事柄に対してはかなり寛大といいますか、向こうの方から言わせますと、かなりルーズであったということになります。いずれにしても礼拝の中で聖餐式が特別に行われたということは疑いのないところです。ですからカトリックの礼拝でも聖公会の礼拝でも、その礼拝の流れの中に聖餐式という部分がちゃんと別にあるわけです。そういう形を取るようになってきました。こうして、分け合って食べるという食事は無くなってしまったのです。

私たち東所沢教会では、クリスマスとイースターの礼拝の後、愛餐会をいたします。これは持ち寄りです。私は分け合って食べるということが愛餐会だと思っておりますので、弁当を注文して食べるというのは、愛餐会ではないと思っているのです。普通の教会では、一緒に食べるのはみんな愛餐会だと言っているのですが、愛餐会というのは元々のところを探求していくと、分け合って食べるところにあったのではないか、そして分け合って食べるという事柄が、やはり共同体という意識を大変強くする事柄なのではないかと思っています。

最後の晩餐と洗足

さて、『ヨハネによる福音書』には聖餐式を示すような部分がありません。実はもう少し詳しく言った方がよいかも知れませんが、他の三つの福音書では「最後の晩餐の食事」は過越の食事なのです。しかしヨハネ福音書は過越の食事とは認めていないのです。過越の食事がなされる前日、あるいは前々日の食事なのです。そうすると、これは普通の食事です。ですから過越の食事の中でなされるような事柄がなされなかったと言えるかも知れません。それではヨハネは聖餐式を無視したかというと、そうではなくて、他の福音書よりももっと聖餐ということの意味を強調しているのです。これはイエス

が、こういう言葉をお語りになっているところがあります。「人の子の肉を食べ、その血を飲まなければ、あなたたちの内に命はない」(ヨハネ六53)と。人々はこの言葉を聞きまして、「実にひどい話だ。だれが、こんな話を聞いていられようか」(同60)というわけで多くの人々が去って行ってしまったことが書いてあります。ですからヨハネ福音書は決して聖餐式を無視したのではないのです。もっと聖餐式のことを非常に実質的に、意味深く捉えているわけです。聖餐式の代わりに、つまりパンを裂いたり、ぶどう酒を分けたりということの代わりに記されているのが、「弟子たちの足を洗われた」という出来事です。このことだけしかヨハネ福音書には書いていないのです。

最後の晩餐といいますと、みなさんどういう光景を思い浮かべられるでしょうか。多分、レオナルド・ダ・ヴィンチ(写真、Leonardo da Vinci, 1452～1519)の最後の晩餐の絵ですね。長いテーブルがありまして、真ん中にイエスさまがいて6人ずつ両側に座っている、あの光景です。しかし、ユダヤの会食はそういう形で食べることはなかったのです。みんな横になって円を描いて、真ん中の方に頭を向けて左側を下にして、つまり左手で体を支えて右手で取って食べたのです。ですから足は円の外側にあるのです。そういたしますと、イエスさまが立って弟子たちの足を洗われたというのは大変たやすくできます。テーブルがあったらテーブルの下に潜り込まなければならなくなって大変です。そういうようなことで、足を洗うという事柄がここには記されております。今日、教会では受難週の木曜日のことを「最後の晩餐のなされた日」とは呼ばないので、「洗足木曜日」と呼んでいます。これは教会の伝統的な呼び方なのです。最後の晩餐の方は呼び方の中では消えてしまって、足を洗われたということの方が呼び方としては残っているのです。

にもかかわらず、足を洗うということは教会の礼典にはならなかったのです。わずかに今は、受難週の木曜日に法王庁の中で、法王が一二人の枢機卿の足を金の盥《たらい》に水を入れて洗う、そういうような仕方で残っているのです、それだけです。ある牧師が「うちの教会に取り入れてみたい」と言ったのです、それはどうでしょうか。もし私が立ち上がって腰にタオルを巻いて、バケツに水を入れて、皆さんの足を洗いに行ったら、気持ちが悪いという人もいるでしょうし、中には、足を洗ってくればよかったと言う人もいるでしょう。いろいろな反応が出て来るだろうと思います。

足というのは非常に汚れやすいところです。まして当時は、足にはいたのはサンダル（写真）みたいなものですから、素足にサンダルです。道路というのは舗装などはされていませんから、非常に埃っぽかった。ですから足は非常に汚れやすかったのです。もし人の足を洗うということがあれば、それをするのは僕《しもべ》、僕というのは奴隷です。ですから主イエスが足を洗われたという時に、弟子たちは非常にショックを受けたのです。奴隷の仕事なのです。ルカ福音書によりますと、最後の晩餐をしておられる所で、食事の席で弟子たちは誰が一番偉いかということで論争をしていた、と書いてあります。ひょっとすると誰が足を洗うべきかということだったのかも知れません。誰が一番偉いか、一番偉くない奴が足を洗えということ、そんなことも想像されます。僕を持たない、奴隷を持たない弟子たちの一行は、結局誰も人の足を洗ってあげようという人はいなく、自分で自分の足を洗ったのだろうと思います。手足を洗うという事柄は律法に決められていることですから（「市場から帰ったときには、身を清めてからでないと食事をしない。そのほか、杯、鉢、銅の器や寝台を洗うことなど、昔から受け継いで固く守っていることがたくさんある」マルコ七4）。もし洗ってくれる人がいなければ自分で洗った。今日、私共も洗ってくれる人はありませんから自分で洗う。中には洗ってもらっている人もいるのかも知れませんが、そういうことになります。

イエスさまが弟子の足を洗ったということで、弟子たちは、言い争いをしたことが恥ずかしくなった。そこでペトロが言うのです。「主よ、あなたがわたしの足を洗ってくださるのですか。……わたしの足など、決して洗わないでください。」すると主イエスが言われます。「もしわたしがあなたを洗わないなら、あなたはわたしと何のかかわりもないことになる」(ヨハネ一三6、8)。

この時、主イエスが弟子たちの足を洗われたことには、二つの目的があります。

一つは、ご自分が来られたのは、人々の汚れを洗うために僕として仕えるということを明らかにするということです。それが一つの意味合いです。他の所で「人の子は仕えられるためではなく仕えるために、……来たのである。」(マルコ一〇45)と言われた言葉が残っておりますから、そのことを示されたのだと思います。そして、全ての人は足を洗ってもらう必要があるのだということを、イエスはこのことを通してお示しになっておられます。

もう一つは、主イエスに足を洗ってもらった人は、互いに足を洗い合うようにという模範を示すためだということ。この二つの目的がこの時にはあったと思われます。主イエスは別なところで、「互いに愛し合いなさい」(ヨハネ一三34、一五12、17)と言っておられますから、愛というのは足を洗うということだと言ってもよいだろうと思います。あるいは、「人に仕える」という言い方で言い表してもいいかと思います。

しかし、ここから主イエスのお言葉に対する誤解が教会の中に生じました。つまり、この他人の足を洗ってあげる、他人に仕える、親切にしてあげる、ということがクリスチャンの役割、成すべきことだという誤解です。これが何故誤解かということはちょっとあとから申します。

クリスチャンはとても親切です。親切でないクリスチャンも中にはいるかも知れませんけれども、まあ概して親切だといっていいのではないかと思っています。親切なのですけれども、しかしそこに、ちょっと一つ問題が出て来るのです。

あるご婦人がおられまして、とても親切な世話好きの方でした。いろいろな人の所に行ってはよくお世話をなさる、親切にしてあげる。たまたま、あるお年寄りのご夫婦がおりまして、私もよく知っている人でしたが、その方の所に行って、よくいろいろなことをしてあげたりしておられたのです。ご主人の方が亡くなられ、奥さんの方、老婦人だけが残されたのです。亡くなられた後も一所懸命世話をし、面倒を見て、ちょっと何か作って持って行ったり、何か必要な物があると「ああ、これ買って来ました」と言って置いていくのです。「あの、お代を」と言っても、「あ、いいえ、入りません」と言って帰られるわけです。とてもよくされたのです。ある日のこと、その御婦人が私の所に来まして、ちょっと妙な顔をして、「先生、ご存知でしたか」と言うのです。「あのおばあさん、お金持ってらっしゃるのです。」私は「ええ、知ってますよ」と言いました。そしたらその方が、「私、騙されました」と言うのです。老婦人は何も騙したわけではないのです。持っているのに持っていないと言ったわけでもない。その人が持っていないだろうと思いこんでおられたのですね。けれども持っておられたのです。それで、それっきりその方のお世話をすることを止めてしまったのです。

何かおかしい、何がおかしいのか。つまり親切にしてあげることのためには、相手が自分より下でなければならないのです。相手が上であると、この場合には自分よりお金を持っているということが分かると、親切にしてあげるという心が消えてしまうのです。そういうことが起こるのです。私たちの親切というのはそういう形で、です。しばしばしてあげる親切ですから、いつも自分の方が上に立っていて、そして仕えているようですが、本当はしてあげているのです。そうするとこの親切という事柄は、まあ非常に押しつけがましくなります。よく言います、「小さな親切、大きなお世話」まあ、こういうことです。その上で私共は念押しまでします。「この間どうでした」と。相手の方は忘れていたのを思い出し、申し訳なさそうな顔をして、「いや、あれとても良かったです。助かりました」と言ってるわけです。その上でなお言うのです。あの人はお礼をしない、言葉が足りない、態度がでかい。もういろんなことを言われます。

しかし、主イエスはそうではなかったのです。私は、主イエスの互いに足を洗い合うべきであるというお言葉は、足を洗ってあげるということではなくて、洗っていヽヽヽヽヽただくという点に重点を置くべきだろうと思います。そのことを、洗ってあげるということに重点をおいて聞くものですから、そこに誤解が起こってしまう。イエスは足を洗ってくださったのですから、弟子たちの方から見れば、足を洗っていヽヽヽヽヽただいたという点からこれを見ることが大事な点だと思います。

ミシェル・クォストさんの本から

ここで差し挟む一つのお話は、礼拝説教の中でも引用したのですが、ミシェル・クォスト（写真、Michel Quoist, 1921 ～ 1997）というカトリックの神父さん、この方は『神に聞くすべを知っているなら』（藤本治祥訳、日本基督教団出版局、一九七二年）という本を書かれ、出版されまして、大変有名になりました。日本語にも翻訳されています。その方のもう一つの本、『イエスが新聞を読まれたなら』（里見貞代訳、日本基督教団出版局、一九七四年）というのがあります。これは短い文章で、この世の中で起こっているいろいろな出来事の中で、自分たち自身の在り方について一つの捉え直しをするということを目的とした本なのですが、その中に「奉仕をしすぎる」という一文があるのです。私たちの今の言葉から言えば、「親切にしすぎる」と言ってもいいかと思います。

その前半の方に出て来るきっかけとなっているのはユンテルという男で、彼は隣のご主人からちょっとバイクを見てくれませんかと頼まれるのです。「ああ、いいですよ、すぐ行ってあげますよ」と言って、行ってバイクを直してあげるのです。「やあ、よく知っていますね」、「偉いですねえ」とかいろいろ言われて感謝されたり感

心されたりして、すっかり得意になって帰ってきて、帰り際に「今度また必要だったら、いつでも呼んでください」と言って帰ったのです。帰って来たら奥さんが言うのです。「あなた、どこが故障していたか教えてあげた？　今度の時は自分で直すことができるように。」それで、得意な気持ちがポンと飛んでしまったのです。自分はそんなこと考えてもいなかったのです。ただ、この次も役立てるという期待と、また誉められるという誇りと、そういう自己満足でいっぱいになっていたのです。

それから彼は反省をするのです。反省をして考えてみると、自分は今までとても気が付くとか、親切だとか、何でもできるとか言われていたけれども、往々にして間違った徳の解釈、つまり人にしてあげるというのは、とても徳の高いことだ、いいことだという間違った解釈と、度を過ぎた自己満足に陥っていたことを見い出すわけです。往々にしてただ自分たちの役割と、良い人という評判を潰さないために、親切な人のように行動していたということを、彼は反省をします。そして言うのです、「絶えず他人の助けを必要とすることは屈辱的だし、他人が自分を必要としていることを知るのは喜ばしいことだ」と。

これは私たちの中にもある思いです。時々人から親切にされると、まるで借金でも負わされたように大急ぎで返そうとするのです。親切をお返ししちゃうのです。そうしないと気が済まない。それは人から親切にされるというか、あるいは他人の助けを必要とするというのが、とっても屈辱的なのです、耐えられない、つまり人の下になるというのが嫌なのです。

「私たちは、あまりにも、しばしば友だちを自分より下に置こうとするのではなかろうか。共に立って分かち合う者になるべきである。そうでないと、これは自己満足、あるいは非常に親切に見えながら、非常に傲慢な姿になってしまう。人が、必要とする人に何時もなっていてはいけないだけではなく、時には、人を必要とする人にならなければならない。」

これは、相手を下に見るのではなくて、相手を高めてあげることなのです。相手を高めてあげるという事柄が大事なことなのです。――いつも相手を下に見るような形で、親切してあげますよというのではない――そうすると相手の方も、やはり相手が自分を必要としているということが大事になるのです。

「絶えず与える人ではなくて、他の人々を与えることへと導く人でなければならない。他の人も同じように高いところへあげられるべきです。」

そして、最後はこういう祈りで結ばれているのです。

主よ、愛することを減らすのではなく、

機械的に奉仕することを減らさせてください。

私たちは小さくなり、他の人々が成長しますように。

彼らを救おうとする代わりに、彼らを救い手とならせてください。

そうすれば、主よ、私たちは恩人でも親代わりでもなく、

兄弟に対する兄弟となることができるでしょう。

愛ということの極致は、私も最近聞いたのですが、愛することではなくて、愛されることを受け入れるということなのです。そして感謝です。それが愛することの極致だと、私たちは捉え直すべきだろうと思います。

ある牧師が家庭集会にまいりまして、ちょうど今日のようだったと思うのです。玄関を入りましたら、そこに車椅子が置いてあったのだそうです。それで牧師は、「えーっ、誰か車椅子、使われるのですか」って言いましたら、「母が使います」とその家の奥様がおっしゃったのです。「体が不自由なものですから、車椅子を使っています。」牧師は、「それは大変ですねえ」って言ったのです。そうしたら「いいえ、それがちっとも大変じゃないのです。母は大変気位の高い人でした。ですから若い時には、もう頭に来ることがたびたびでした。ところが、病気になって体が動けなくなって、そして自分では何もできなくなり、ある時期に母は変わったのです。それは、人の世話になることを受け入れようというふうに変わったのです。そうなりまして、口も利けなくなって、私がいろいろなことをしてあげると、本当に嬉しそうに、にこっとするのです。それを見ると、ああ、良かった。またしてあげようと思うのです。ちっとも大変じゃないのです、嬉しいのです」と言われたのです。つまり、このお母さんが世話されることを受け入れるというふうになった時に、そこに本当に素晴らしい愛が生じたわけです。私は、自分もだんだん年を取ってきますから、人からされることが多くなってきます。

それはやはり、本当にそれを受け入れて感謝するという、その愛の素晴らしさへ導くということのためだろうと思います。

ヘルマン・ホイヴェルス（Hermann Heuvers, 1890～1977）という、これは上智大学の学長をしていた方ですけれども、ホイヴェルス神父に南ドイツの友人が贈った詩「最上のわざ」という詩があるのをご存知だと思います。この詩の朗読を女優の長岡輝子さんが、よくなさるのです。その「最上のわざ」という詩の中に、こういう一句があります。

> 人のために働くよりも、謙虚に人の世話になり、
> 弱って、もはや人のために役立たずとも、親切で柔和であること。
>
> （林　幹雄編『人生の秋に』、春秋社、一九六九年）

これは老いを迎える心です。それを歌ったもので、大変素晴らしい詩です。「人のために働くよりも、謙虚に人の世話になり、弱って、もはや人のために役立たずとも、親切で柔和であること。」私は、本当に私共の愛の極致は、そういうふうに人が愛してくださる事柄を、率直に感謝して受け取るということだと感じます。これは個人のことだけではありません。この世の中のいろいろな事柄、そういうことについても同じことが言えます。

井戸掘りのはなし

犬養道子さんの『人間の大地』（中央公論社、一九八三年）という本があります。その中に、インドでの出来事が一つ書いてある章があるのです。インドの人口三〇〇人くらいの小さな村、海岸には近いのですけれども、だからこそ真水に乏しい。井戸を掘っても塩分が混ざっている。ですから真水の井戸が非常に少ない、しかも井戸は遠い。そのことが貧しさと病気との原因になっているわけです。

そこにフランス人の神父の人が行くのです、彼は行ってそこで生活をするのですが、何もしないのです。ただ人々と生活を共にするだけなのです。その人々が一体どんな状態にあるのか、そのことを一緒に味わう、ということに終始するのですが、ただ一つしたことがあります。それは水脈を探す、という仕事だったのです。彼はそのことのために地質学を勉強したのだそうですけれども、彼は水脈を探します。いろんな試行錯誤の末に水脈をやっと探り当てるのです。しかし、水脈を探り当てても、未だ何もしないのです。青年たちが自発的に掘ってみようと乗り気になるまで待っているのです。それは、先進国の失敗を知っていたから、と書いてあります。おそらく日本も入っていると思うのです。

このインドではなかったそうですが、アフリカで先進国の開発援助があり、最新式の井戸掘り機械を用いて深い井戸を掘る。そこに最新式の電動ポンプを付ける。壊れてしまいますと誰も直せない。それだけでなく、深井戸を掘ったものですから、全ての水脈の水を全部そこへ集めてしまったのです。そうすると、他の浅い井戸は全部干上がるのです。そして、全ての家畜がその深井戸の回りに集まってくる。他に水がないものですから、人間も集まってくる。深井戸の周辺はやがて牧草地としては役に立たなくなるのです。そういうような牧草地でない荒れ地が、次第次第に広がっていったのです。ですから最新式の深井戸は、この地に干ばつと、そして家畜の死をもたらしたのです。これは、私も知っているのですが、日本でもやはりそういうことをやっているのです。それで実際に掘って最新式の電動ポンプを据えたけれど、しかし、壊れたらもうどうしようもない。そういうような例がいくつもいくつもあるようです。

この神父は、みんなの考えがまとまって井戸を掘ろうということになった時に、彼は学生ボランティアをフランスから呼びまして、そして一緒に井戸掘りをするのです。スコップとそれからモッコで井戸を掘るのです。土をモッコで揚げるのです。機械を一切用いない。やがて水が出る。そういう井戸を一つ、二つと増やしていく。それで、あの長い間続いていた水汲みの重労働、水を運ぶという重労働、それが解消したのです。

しかしその次にですね、畑に水をやるのに、やれたらいいなあという考えが起こってきたのです。井戸は深い、そこから水を揚げるというのにはどうしたらよいか。そこで初めて手押しのポンプのとを紹介するのです。そして青年たちが、それはいいというので、それをやろうということで手押しのポンプを付ける。部品はインドでいつでも安く買えるもの、誰もが修理できるもの、そういうものを付ける。こうして人々の中に学び、働き、作る意欲が湧いて、村が生き返ったのです。そういうことが書いてあったのです。この神父がした最大の発見は、村人たちの互いの思いやりの心と助け合いの精神、他人を自分よりちょっと多く大事に思う心だったというのです。

互いに足を洗い合うということのためには、人の足を洗ってあげるということだけではなく、主イエスが私の足を洗ってくださったように、他の人が私の足を洗うのを受け入れるという事柄が必要なことになります。ですから、もちろん私の足を洗えと言って足を突き出すのが主イエスのなさり方ではありません。しかし足を洗うばかりであってはならないので、他の人に足を洗っていただくことが必要なのです。そして洗っていただいたという感謝です。私はこれを、足を洗い合うことの分かち合いというふうに言いたいと思っています。いつも私が足を洗ってやっているんだぞーなどというのは、最低だなあと思います。（写真、"Jesus Washing Peter's Feet", Ford Madox Brown, 1821-1893）

主イエスがペトロに「すでにからだを洗った者は、足のほかは洗う必要がない。全身がきれいなのだから。」（ヨハネ一三10、口語訳）こう言われたように、足を洗うという事柄は罪の清め、罪の赦しという事柄と関係しています。そういたしますと、これは罪を赦し合うことにもなります。自分だけが相手を赦しているのではないのです。相手も私の罪を赦していてくれるのです。私は一度も赦してもらわねばならないようなことはしたことがない、などというのは傲慢なひとりよがりです。みんな、私共が赦しているように赦されているのです。そういうふうにして生きています。その相手が私の罪を赦していてくれるということを感謝して受け入れるという、このことが私たちにとっては大事なことです。ですからこれはそういう意味では、罪の赦しの分かち合いと言ってもいいと思います。

ある所で私は、自分が相手を我慢している、それと同じくらい相手も自分のことを我慢しているものだという話をいたしました。出席しておられたあるご婦人が家に帰ってご主人に、この方も大変立派な方ですが、聞かれたそうです。「あなた、私のことずいぶん我慢してらした？」と聞いたら、「そうだよ」とおっしゃったというのです。もちろんこのご婦人も、ご主人のこと、ずっと我慢しておられたのだと思います。ですけど、我慢しているのは自分ばかりと思っていたのですが、そうではなくてご主人の方も「いや、そうだよ」とおっしゃったのですね。私はそういうふうなものだなあと思います。このことが足を洗い合うべきであるというイエスの教えが示している側面です。罪の赦しの分かち合いということです。

食事の分かち合いから足を洗うことの分かち合い、それは罪の赦しの分かち合いにも至るのですが、このことはまた祈りの分かち合いという事柄にも通じます。

一つ目はやはり、「人のために祈ってあげる」ということの大事さという事柄を心に留めさせられています。執り成しの祈りをする。よく、「いや私、幸せなものですから、このところあまり祈ることがありません」とおっしゃる方がいるのです。しかし、それでは人のためには祈ってあげないのですか、と言いたくなるのです。本当に祈ってあげるということは必要なことなのです。

けれども二つ目は、「祈っていただく」という事柄がもっと必要なのです。そして私たちが祈っていただくということが分かります時に、初めて他の人のために祈ってあげるという事柄が、どういう事柄か分かるのです。ですから、そういう祈りをいただくという事柄は、私たちにとってはとても大切なことです。

私はそういう意味で、私共が自分自身のために祈ってくれる人（「あなたがたが完全な者になることをも、わたしたちは祈っています。」＝コリント一三9）。「皆さん、祈ってください、私のために」と言っても、みんなというのはちょっと無理ですよね。本当に一人か二人か、あるいは三人か、祈ってくれる人がある。その時に、私たちは祈られていることの力強さと、自分が祈ることの力強さというものを覚えるようになります。

あのパウロも、たびたび私のために祈って欲しいと言いました（「どうか、わたしのために、わたしと一緒に神に熱心に祈ってください」ロマ一五30、エフェソ六19～20、コロサイ四3、Ⅰテサロニケ五25、Ⅱテサロニケ三1等）。三浦綾子さん（写真）も口癖で、「先生、私のために祈って」とおっしゃるのです。そして、そういう祈りによって支えられているということは、私たちにとっても、大変大きな力です。ですから祈ってあげるということももちろん大切ですが、祈っていただくという事柄の何と大切なことか、そしてこれが祈りの分かち合いということです。

主イエスは、互いに足を洗い合いなさいということを通して、いろいろ分かち合うことを教えてくださいました。ただ、してあげる人ではなくて、していただく人になること、していただいていることを覚えて、そしてそのことに本当に感謝すること。そのことこそ私たちの本当の力となるのではないだろうか、と思わせられています。

お祈りいたします。

天にいます父なる神さま、

ともすれば、してあげることにばかり心を捕らわれがちであり、自己満足に陥ったり、知らないうちに傲慢になったりしております。本当に相手を高めることを心に留めず、いつも自分より下に見るような立場に立ちがちな者であったことを思います。

主イエスが教えてくださいましたように、どうか互いに足を洗い合うことに、人からも足を洗ってもらう必要があり、そして洗っていただいたのだということを受け入れて、心から感謝する者とならせてくださいますように。どうかそのことを通して、相手の方が高められ、そして成長させられますように導いてください。どうか私共が主イエス・キリストの為さったように、私たちも為す者であることができますように。

そしてわたしたちは主がしてくださったように、互いに分かち合う者とならせてください。全てのことを、罪の赦しも祈りも分かち合うように導いてください。

そうして、主の御心が、恵みがこのところに実現しますように。

主イエス・キリストの御名によってお祈りいたします。アーメン。

（一九九四・三・三　南沢集会）

3 創造

創世記一章1〜3、31節

創造

初めに、神は天地を創造された。地は混沌であって、闇が深淵の面にあり、神の霊が水の面を動いていた。神は言われた。「光あれ。」こうして、光があった。(創世記一章1〜3節)

神はお造りになったすべてのものを御覧になった。見よ、それは極めて良かった。夕べがあり、朝があった。第六の日である。(同31節)

きょうは、教会の週報にも「お話」と書きまして「説教」とは書かなかったのですが、きょうお話しすることは説教とするには少しおこがましい、それにまあ、もう少し何と言うか、くだけた気持ちでお話しさせていただこうというようなことでお話いたします。ですから、あんまり説教じみてお考えにならないでいただきたいと思います。

創造というテーマにしましたのは、この事柄が案外なおざりにされている、というように私は感じるわけです。なぜなおざりにされているかと申しますと、創世記一章、二章の「天地創造の物語」、あの物語はキリスト者にとってまことに、近代のキリスト者にとってはアキレス腱のように感じられているのではないか。つまりあそこの所を突っ込まれるとどうも困る。だからあんまり創造のことは触れたくないというか、ですからそんな気持ちが案外働きまして、なおざりにされているという感じになっているのではないだろうか、ということをちょっと感じさせられているわけです。しかし、それは決して正しくないと思っています。後でも申し上げますが、聖書に最初にこれが書いてあるから、だから大事だという、そういう意味ではありません。聖書に最初に出てくるものが必ずしも最初に書かれたものとは限らないのです。

多くの人々のこれに対する反発と言いましょうか、反論は非科学的な神話に過ぎない、そんなもの本気で信じられるか、というのが大体の根拠です。ですからこの頃はどうか知りませんけれども、昔はよく学校の先生が、生徒が教会に行っていると、いいますと、あんなことお前は信じとるのか、と言われたのです。あんな非科学的なことを本当かと思っているのか、と言われるとちょっとぐうの音も出なくなるというようなところがありました。確かに科学的な事実に照らし合わせてみると、合致しないということは言えると思います。ことに進化論というのが出てきまして、この世界、宇宙は進化論的にでき上がってきたもので、それも六日間などというのではなくて、何千、何億年という歳月をかけてでき上がってきたものだと言われているわけです。しかし私共はちょっとここで言っておきたいのですけれども、この進化論というのは実は科学ではないのです。これは科学的な仮説と言った方がいいと思います。というのは、科学というのは事実のプロセスを観察し、分類し、分析し、関係づける。そしてそれは科学になるわけです。しかし進化論というのは、そういうプロセスを見極めるということで成り立ってはいないわけです。ある所、ある時点で、ああこういうものが出てきた、こういうふうな状況が考えられるということが層のようになっているだけで、その層のある所は分かるのですが、この層と次の層とがプロセス的にずっとつながっているということは観察することができない、という意味でひとつの問題として捉えておかなければなりません。

もう一つ科学的事実というものは、誰かが後で試してみて、もう一遍実験してみまして同じ結果が出て初めて科学的事実と認められるということになりますが、進化論というのは、誰かが追試して同じ結果が出たということにはならないのです。ですからこれは一つの仮説と言った方がいいのですが、しかしこれを用いるとうまく説明ができるということは事実で、そういうことから、これが科学であるかのように取り扱われています。

いや本当に進化論で言われるような形でできてきたものかも知れません。私はそれを否定するつもりはありません。また否定することもできないわけです。一方、やや困ったことに聖書そのものが科学的な事実だと主張する人もあるものですから、つまりこの世界というのが、ここに書かれているとおりにできたのだと主張する人たちがおられる（写真、Creation Museum　注：創造博物館が米国ケンタッキー州ブーン郡ピーターズバーグに建てられています。キリスト教弁証学的布教団体アンサーズ・イン・ジェネシスAnswers in Genesisが二〇〇七年にオープンさせた）。それでアメリカなどでも学校で進化論を教えるのはけしからんといって反対し、結局進化論を教えるのを止めさせる、州の命令で止めさせたという所もあります。というようなことですから、何とも言いようがないのです。今、よく町を歩いておりますと「ものみの塔」の人々、あの人々は世界がこのとおりにできたのだと信じているのです。但し一日というのを、一日は千年のごとしという言葉が聖書にあるものですから、それを千年と考えまして六千年でできたと、だから天地創造は紀元前四千年に始まったのだという人もいるのです。その方が事実だという人もいるものですから、これはなかなかやっかいなことになるわけです。

もちろん聖書は科学というもの自体を知りません。これはまあ旧約聖書が現在のような形に承認されるようになりましたのは、紀元一世紀後半になってからです。正確には紀元一〇〇年頃に現在の形のものが承認されるようになりました（七〇年のエルサレム陥落以後、ヤブネ・歴代下二六6、後にヤムニアは、ユダヤ法廷・サンヘドリンと高名な学院の所在地となった。一〇〇年頃に総会会議が招集され、旧約正典の範

囲についての重要な決定がくだされた。『旧約新約聖書大事典』より)。もっとも聖書の本物などというものはありません。現在まで残っているものはすべて写本です。しかしご承知のように死海のほとりで聖書の写本が発見され、これは所謂「死海写本」と呼ばれていますけれど、そこから出ましたのは大体紀元前一世紀くらいのものなのですが、ほぼ完全なイザヤ書の写本、それから聖書の全体にわたって断片的ですけれども見つかっています。ですから、もうその頃にすでに今日の聖書のようなものが、一冊の本にまとまっていたわけではありませんが、巻物としてあったことは事実です。しかしこういうような形で結集され始めたのは紀元前三世紀頃です。

内容から申しますと、それぞれの文書の背後には、その基になった資料があることが知られていまして、創世記に限って言えば少なくとも三つの資料(J、E、P)が確認されています。そのうち最も古いものは紀元前九五〇年頃に資料として成立したと考えられます。もちろんこれは資料として成立したという意味ですから、その中に含まれる伝承というものをずーっと探りますと、紀元前二千年期ぐらいまでは遡れる、それから先は分からない、そういうような伝承があったかどうかということが分からない。しかし紀元前二千年期にはそういう伝承があったことはほぼ知られています。そういたしますと当然科学的な思考というものがあるはずがありません。当時の人々は私たちが今日神話的という思考法をもって物事を考え、表現いたしました。聖書は、創世記はそういうものです。

聖書とは一体何か

では、聖書とは一体何か、と申しますと、端的に言って聖書は歴史です。何よりも歴史です。私たちは「神の言葉」と普通言っていますが、それに違いはありません。しかし一言で表せば、やはり「歴史」だということが言えます。この「歴史」だということには二つの意味があります。

一つは聖書そのものが歴史だということです。

二つ目は聖書は歴史の中に跡付けることができるということです。例えば、アブラハムという人がカルデアのウルから出発しまして、西北の川に沿って上り、ハランに着き、そこから南下して現在のパレスチナ、当時のカナンの地に至る、これは民族大移動なのです。事実ウルはいわゆるバビロンの東にあった国です。そこにアラム人という人種が住み、アラムの国と呼ばれていた。このアブラハムもアラム人であったと言っているわけです。そしてそのずっと行きました後々にアブラハム、またはアブラムという名前がずっと残っているのです。いろいろな文書に（「あなたこそ、主なる神。アブラムを選んでカルデアのウルから導き出し、名をアブラハムとされた。」ネヘミヤ記九7）。それで、アブラハムになったということは分かりませんけれど、おそらくそんなことはないと思いますが、一つの民族の移動があったというのは事実ですから、そういう形で歴史の中に跡付けることができる。そういう意味で聖書は歴史である（「あなたはあなたの神、主の前で次のように告白しなさい。『わたしの先祖は、滅びゆくアラム人であり、わずかな人を伴ってエジプトに下り、そこに寄留しました。しかしそこで、強くて数の多い、大いなる国民になりました。』」申命記二六5)。

しかし「聖書が歴史である」というのは、そこに特別な意味合いがありまして、聖書というのは歴史に関する神学なのです。言葉を換えて申しますと、聖書は神学的に解釈された歴史、つまり神に対する信仰という観点から書かれた歴史なのです。それではずいぶん偏っているではないか、と言われるかとも知れません。私共は歴史というのは事実を正確に書いたものという印象がありますけれど、目にします読むことのできる歴史で、事実だけを正確に書いた歴史などというものはないのです。全てみんな解釈があるのです。ですから最近の教科書問題のように、いやこの事実は行き過ぎているとか、いやこれは事実を曲げているなどということが言われるわけです。書かれたものは、その人その人の立場があり、その観点から書かれているので、聖書だけが何か間違った歴史だということではありません。いずれにしましても「聖書は神に対する信仰という観点から書かれた歴史」、そういう意味で歴史に関する神学なのです。

もう一つ、「聖書とは神との係わりを示そうという意図を持って書かれた歴史」、つまり、全ての事柄について神さまとどういう係わりの中にあるかということを示す意図があるのです。そういうことの基に書かれているわけです。ですから私共が聖書に科学的なものを求めるというのは、言えば聖書の知らぬところですね。そういうことを聖書は書こうとは思っていないのです。

そこで、歴史について、私たちの考えではそれを「史実」だと考えています。ですから本当にあったこと、ゆがめたり、言わなかったり、あるいは過大に書いたりというようなことはあるかも知れませんが、いずれにしても歴史は史実である、と考えています。しかし聖書はあまりこの史実性には関心がない、全然ありもしないことを書くことはありませんが、史実に照らしてということに関心を持っていないのです。

また「伝説」という考え方がありますが、「伝説」は私たちの考えでは幾らかの史実を含む、と考えます。完全にこしらえられたものではない。何かの史実を含んでいるというのが伝説です。日本にもいろいろな伝説があります。古事記などを読んでみますとそういうものが出てくるわけですが、それはある程度史実を反映しているということができます。「神話」になりますと、私たちの考えではこれは全く事実ではないと考えているわけです。しかし先ほど申しましたように、聖書は史実性にはあまり関心はありません。神話的な表現によって何かを表そうとしている。ですからその表そうとしているものを私たちはこのことの中で捉える、という事柄が必要なことになります。

もし、聖書というもの、ことに創世記を史実というふうに受け取りますと、早い話が創世記一章と二章との矛盾を整合することはできません。一章は天地創造の物語、二章はそれと全く違った天地創造の物語で、それを整合するということはできないのです。どっちが本当か、一章の方は始めに光があって、水が上の水と下の水に分かれて、それから海ができた、陸ができた、草ができた。それから天体がいろいろできた。それから生き物ができた。最後に人間ができた、というように書いてあります。二章にいきますと、何もない。何もなかったけれどそれは人間がいなかったというので、人間が一番初めに造られる。それから食べ物のために草木ができたり、良き伴侶を得ようというので動物ができたり、というような形、全然逆なのです。これはどっちが本当かというと困ってしまうのです。

（「主なる神が地と天を造られたとき、地上にはまだ野の木も、野の草も生えていなかった。主なる神が地上に雨をお送りにならなかったからである。また土を耕す人もいなかった。しかし、水が地下から湧き出て、土の面をすべて潤した。主なる神は、土（アダマ）の塵で人（アダム）を形づくり、その鼻に命の息を吹き入れられた。人はこうして生きる者となった。」創世記二4b〜7）

つまり、聖書はきちっと史実に基づいて書いて、それを整合して矛盾のないようなものにしようなどという考え方は全くないのです。これはですね。一章と二章とでは資料が違うからなのです。資料が違っても意図に対して意味があればそれは併記するのです。矛盾は何ら意に介さないのです。両方とも意味がある。こういう書き方は、実は新約聖書の中にもあります。新約聖書のヨハネによる福音書の二〇章、二一章を見ますと、甦られたイエスさまが、二〇章の方ではエルサレムで現れる。ところが二一章になりますと、突然ガリラヤに現れます。これは全然違った物語です。その間を調整しようなどとは、ヨハネによる福音書の記者は考えていない、両方とも意味があるものですから、それを両方併記しているのです。こういう書き方を聖書記者たちはいたします。

　しかし、このようにいろいろ申しましたけれど、実はこの聖書の中に、ある意味での奇妙な符合と言ってもいいようなものがあります。それは創世記一章の始めです。「はじめに神は天と地とを創造された。地は形なく、むなしく、やみが淵のおもてにあり、神の霊が水のおもてをおおっていた。」（一1〜2）「形なく、むなしく」。新共同訳では「混沌であった」と書いてあります。むなしくという言葉がちょっと誤解を招くのです。ローマ人への手紙四章17節に『無から有を呼び出される神』（口語訳、「存在していないものを呼び出して存在させる神」新共同訳）という言葉が出てきます。しかしその「無」という言葉を何もないというように理解しますと、何もない状態を私たちは想像することができないのです。私たちはみんな有る世界に住んでいるわけですから、何もないということがどういうことか分からない。いや、有る物がないことは分かりますけれども、何もないとはどういう状態なのか、想像がちょっとできない。ということはつまり概念化できないということです。ですからこの「混沌」と訳されたり、あるいは「形なく、むなしく」と訳された言葉の内容は「どんな形態も持たないもの」という意味です。つまり私たちにとって、ある形態というのは概念付けることができるわけですが、概念付けられない、言葉を換えていうならば、分からないということです。こういう分からない、けれども何かそれを表そうとしたそういう所で、「形なく、むなしく」という古い神話的な表現というものがそこに出てくることになります。

そして3節、「神は『光あれ』と言われた。すると光があった」。最近の科学は、あの宇宙の一番初めにビッグ・バン（Big Bang「ビッグバン理論では、宇宙は極端な高温高密度の状態で生まれたとされる（下）。その後、空間自体が時間の経過とともに膨張し、銀河はそれに乗って互いに離れていったとされている（中、上）。」）があったと言っています。ものすごい爆発があって、非常な光と熱とが出た。それが宇宙の始まりだと、それから後はずうっと辿ることができるのですが、そのビッグ・バンより前、何があったかということは分からない。ものすごい熱と、大きな爆発のためにあらゆる痕跡が失われてしまったので、その先の状況がどうであったかということは分からない。今は、科学は分からないということをはっきりと言い表します。そうすると、もちろん創世記の筆者といいますか、資料をまとめた人が、そんなビッグ・バンがあった、などということを知っているわけはないのですが、しかし非常に奇妙な不思議な符合がある、ということは言えるような気がします。そうすると、私共は頭から「こんなことは非科学的だよ」と言って決めつけてしまうわけにはいかないのではないか、というようなことをちょっと感じているわけです。

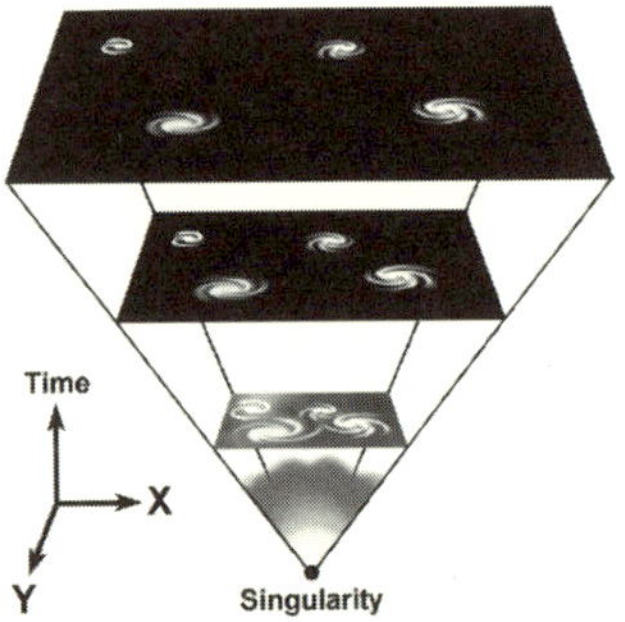

さて、こういう形で書き始められた創世記、先ほどちょっと申しましたけれど、一番初めに書かれているものが、一番初めに書かれたものではない。旧約聖書全体の一つの大切なポイントといいますか、中心は、実は出エジプトの出来事にあるのです。イスラエル民族がエジプトから不思議な導きによって引き出された。それがイスラエル民族の原点です。いつも何かありますとその原点に返ってきます。私共も何かありますと原点に返り、その原点からもう一度考えるということをするわけですけれども、イスラエル民族の原点がこの出エジプトの出来事なのです。その出エジプトの出来事が彼らの信仰告白なのです。

もう煩雑ですから、今は聖書を開きませんが、申命記二六章を見ますと、神さまに献げ物をするその時に、信仰告白をする。「わたしの先祖は、滅びゆく一アラム人であり、わずかな人を伴ってエジプトに下り、そこに寄留しました。……主に助けを求めると、主はわたしたちの声を聞き、わたしたちの受けた苦しみと労苦と虐げを御覧になり、力ある御手と御腕を伸ばし、大いなる恐るべきこととしるしと奇跡をもってわたしたちをエジプトから導き出し、この所に導き入れて乳と蜜の流れるこの土地を与えられました。」(1〜15節)こういうふうにして私たちを導き出して、今このようにしてくださいました。ですからこれをあなたにお献げいたします、という信仰告白をするわけです。それを繰り返し繰り返しするわけです。ちょうど私たちも教会で「使徒信条」を毎礼拝で告白しますけれども、それと同じように、礼拝の度にそのことを言うわけです。それが旧約聖書の中心なのです。

この信仰告白を具体的な形で生活の中に表そうといたしますと、律法という形になっていくのです。それを祭儀という形で表そうとしますと、いろいろな犠牲の献げ方ということになる。それを歴史的に遡らせますと、アブラハムの物語などが出てきまして、さらに先にいきますと天地創造に至るわけです。ですから天地創造の物語は、メソポタミア周辺にありましたいろいろな創造神話と大変似ている内容を持っています。彼らもおそらく、創世記に書かれているような物語をずっと受け継いで来たのだろうと思います。それをもう一遍、この信仰告白の点から振り返りますと、この天地創造の物語になるのです。これはつまり、神さまがお始めになったのだという形で出てくるわけです。ですから一番初めに出てくるものが、一番初めに書かれたのではないというのは、そういう意味なのです。そして彼らは、自分たちのいわば出発のところといいますか、元々のところをずっと遡ってみますと、神は天地の創造者であるというところに至ったわけです。そのことがこの一章、二章で展開されていきます。ですから創世記一章、二章というのは「神は天地の造り主である」ことについての神学、あるいは説教であるということが言えると思います。

創世記一章で強調されていること

では、その中で言われている事柄というのは一体何か。創世記一章で一体何が強調されているのか、ざーっと読んでみてどう思われるか質問をしてみたのですが、まあ、答えはいろいろであります。創世記一章はきちんと六日間に分けているのです。七日目は休んだ。神さまがお休みになったのだから、これは安息日だよという規定になった書き方になっているわけです。これを書きまして、資料としてまとめましたのは祭司階級の人たちです（P資料、Priestly source）。いかにも祭司らしい考え方です。ちょうど牧師が日曜日には礼拝を守りなさいと言うのと同じような感じがいたします。けれどもここでは少し別なことも言われています。二章の方にいきますと、これは人間というものが強調されています。人間というものがあらゆる事柄の基本だということが述べられております（J資料、Jahwist ヤハウィスト資料）。

しかしこの両方を通して、私共は全てのものには始まりがあり、終わりがあるということがまず言えます。「神が天地の造り主である。」ということは何かと言いますと、全てのものには初めがあり終わりがある。決してこれはいつまでも永遠なるものではない。これはいろいろな意味の、生命的なものという意味でもありますけれど、そうではないのです。事柄自体についても初めがあり、終わりがある。初めがあるということは、大抵の方が感じておられますが、終わりがあることを本当に正しく捉える事柄、これは、私は信仰というものを私たちが知る事柄の、いわば始まりだと感じています。ですから私たちは信じることの中で、事柄には必ず始まりがあり、終わりがあるということを言わなければならないのです。

この世についても、やはり始まりがあったと同じように終わりがある。「終わり」は決して、いわゆる世界壊滅のような終わりのことではありません。そうではなくて、これは神がお始めになったのですから、神による終わりがあるのです。そういうことを私たちは考える、捉える。このことなしには本当の意味での希望が出てこないのです。この世界を見ますと、いろいろな問題が起こって来つつありますが、そういうもの一つ一つ取り上げてみますと、私共は非常にグルーミー（gloomy 陰鬱なさま。陰気なさま）にならざるを得ない、悲観的にならざるを得ない、絶望

的にならざるを得ないのです。ある時、高校生に「君、この世界、良くなっていくと思うかね、悪くなっていくと思うかね」と聞きましたら、その高校生が「いや、それは人次第ですよ、みんな次第ですよ。」「みんなって誰のこと？」「いや、みんなです。」って言うのです。みんなが良くなれば、この世界は良くなる。でも彼自身そんなことは信じていないのです。みんなが良くなる、そんなことはあり得ないのです。ですから、これは非常にグルーミーな悲観的な見方なのです。私たちもやはり同じようなことを、この世界の中で感じているわけです。

そういうことを思いますと、これは本当に絶望的なものなのか、それとも、終わりがあるということによって本当の希望が持てるのか。ちょうど第二次世界大戦、太平洋戦争が終わりました後で、ティリッヒ（写真、Paul Johannes Tillich, 1886～1965）というドイツからアメリカに渡った神学者ですが、

この人が戦後まもなく、『地の基《もとい》、震い動く』という題の説教をしました。皆に非常に感銘を与えました。この言葉はイザヤ書から来ています（二四18「天の窓は開け、地の基が震い動くからである」）。その中で彼は、「絶望があるだけなのか、それとも終わりがあるということによって本当の希望があることなのか、このことを持つことなしにこれから先のことを私たちは言うことは出来ない」ということを語っていますが、私もそう思っています。ですから、全てのものには始まりがあり終わりがある、そういう意味で聖書は捉えているのです。

第二番目は、全てのものはそれ自体のかけがえのなさ、尊さというものを持つ。一つ一つ皆造られたのですから、そしてそれを「良し」と言われたのですから、従ってそれには意味がある。このことを、聖書は「神は天地の造り主である」と捉えました時に、これはそのことを表明しているのです。私はこの神が造られたというそのことの中に、あらゆるもののかけがえのなさ、尊さというものの根拠がある。それ以外のところにかけがえのなさ、尊さを見いだそうとすると、必ず差別が起こる。後は人間の作った尺度で測るだけですから、そうすればどんなに優れた尺度のようでも、必ずそこではその尺度に合わない、はみ出されるものが出てくる。だから私は、基本的に神さまが造られたところに全てのものの尊さの根拠を見なければならない、と捉えています。

第三番目は、全てのものには調和と秩序とがあるということ。先ほど一章31節を読んでいただいたのですけれど、その前に造られた一つ一つについては、それを見上げたところ良かったと言われ、最後に31節のところで「神が造ったすべての物を見られたところ、それは、はなはだ良かった。」と、こう言われます。つまり全ての物、全部が良い、それは尊くまた意味がある。でも一つ一つとしてではなく全部として、そこにはそういう調和がある、ということをこれは意味しています。

二章の方になりますと、ここでは全ての物には秩序があることが強調されていると言ったらよいでしょう。そこだけ読んでみます。「主なる神は人を連れて行ってエデンの園に置き、これを耕させ、これを守らせられた。主なる神は人に命じて言われた。『園のすべての木から取って食べなさい。ただし、善悪の知識の木からは、決して食べてはならない。食べると必ず死んでしまう。』」(二15〜17)これはつまり秩序が立てられたということです。全体に調和がある。しかしその調和が守られるためには、そこにはどうしても秩序というものが必要になる。それを法則というように言ってもいいかも知れません。

そういたしますと、一章の方は調和。全ての物はそれ自体のかけがえのなさ、尊さ、そして意味を持つという個別性です。同時にそれは全体として共同性を持っている。そのことがここでは一つ一つ良かった、全体を見回して、はなはだ良かった、という形で述べられています。二章の方にいきますと、そこには法則、秩序ということが強調されてくるということになります。

おそらく、これが一章も二章も共に、意図から見てこれは意味があると捉えられて、合わせて編集されたという理由であろうかと思います。今はその法則のうちで、自然の法則というのは次第に明らかになりつつあります。まだ全部明らかになってはおりませんが、だんだんいろいろな事柄、自然の法則はこんなものは分かっていると人間は考えてきたのですけれど、そうではなかった。一つ一つ自然の法則が破られると、そこには全体の調和が崩れてしまう、そうすると人間の生命さえも危なくなってくるということが起こる、こういうことがだんだん、だんだん、分かってくるようになりました。だんだん分かってきましたけれども、まだ全部は分かっていません。いつも試行錯誤を行っているのです。未だなかなか間違っていたということを認めようとしないので困ってしまうのですが、しかしまあ、そういうことが起こりつつあります。

ところが人間にはもう一つの法則があり、それは人間の法則と呼ばれるもの、人間性の法則といってもいいかも知れません。つまり、先ほど二章は人間に焦点が当てられていると申しましたが、ことに人間の結びつきという事柄に焦点が当てられているのです。それが後の方の女性の誕生ということになって出てまいります。結びつきということが非常に重要なのです。この結びつきの法則は、まだまだほとんど明らかにされていないのです。最近はやっと心理学とか、精神分析学とかというふうなものの助けを借りながら、少しずつそのことが掘り下げられつつありますけれども、でも、まだ人間性というものは謎に包まれているわけです。しかし何かがそこにあるということは事実だと思います。

この法則性の基準は、一体何かと言いますと、私たちが手近に持っているものは、一つは法、それがある意味で人間性の法則――最低のレベルですが――それを定めているわけです。

しかし最近は、法における正義というものは非常に疑われています。というのは、時の権力や体制に都合のいいものが正義とされるという恐れが非常にあるからです。ですから法だけで人間性の法則の基準ができたとは到底考えられない、ということが起こってきているわけです。それを補うものが道徳とか、あるいは倫理とか呼ばれるものでしょう。しかし一般的に申しますと、道徳とか倫理というものは一般の同意、あるいは合意によって成り立つもの、というように考えられます。芥川龍之介（写真、一八九二年・明治二五年～一九二七年・昭和二年）が「侏儒《しゅじゅ》の言葉」（『侏儒の言葉・西方の人』新潮文庫、一九六八年）という短編集の中に、「道徳は交通規則のようなものだ」と書いています。まあ彼一流の非常にアイロニカルな言い方ですけれども、結局、道徳というものは世の中の申し合わせに過ぎないのではないか、そんなものは絶対的なものではないというのが彼の言い分だったと思います。

確かにそういう同意、あるいは合意によって成り立たなければ道徳や倫理にはなりません。困ったことに一般の同意や合意によって成り立ったものが完全なものかというと、そうでもないところに非常な問題があるようです。そういうことが今、日本の内部にいろいろな形でちょっと噴出しているように感じて、今までこれが道徳だ、これが倫理だと言っていたものが、やはり戦後ずうっと、それが揺さぶりに冒されているのです。私共もこれが前々から考えてきたところだから、この方が本当だろうと思っている部分を、よくよく言われてみると、「ああ、そうか、ちょっとおかしいかな」ということにいろいろぶつかることになってまいります。ことに今の世の中は、そういう意味では、何と言いますか、ある一つの価値観に基づいて全てのことが決まっていくものですから、道徳や倫理というものも非常にあやふやなものになっているということが言えると思います。

この間、Nさんからある講演のコピーをいただきました。その中で感じ取ったというか、受け取った事柄なのですが、ある一つの基準というものが何らかの形で決められます。そうしますと人間はそれに対して三つの態度を取るのです。

第一は、他の人はどうであろうが、私はこれを守る。という立場であり、態度です。まことに大変理想的な態度です。

第二番目は、他の人すべて、あるいは大多数が守るなら自分も守る。しかし自分だけが馬鹿を見ると感じた時は守らない。「赤信号みんなで渡れば怖くない」ということなのでしょうか。私はある所で「愛」についてお話しをいたしました。ある所というのはキリスト教の集まりだったのですが、信者でない方も来ておられて、お話しましたら、「先生、愛が大事だということはよく分かりましたし、私も内々愛したいと思ってます。しかし今はだめです。世の中悪いですから、今愛したら馬鹿を見ます。私は馬鹿を見るのはいやです。もっと世の中がよくなったら、愛させていただきます」と言うのです。本音じゃないでしょうか。私共も、「それはいいには違いないけれど、皆が守るならいいけれど、自分だけ守って損をするのは嫌だよ」ということになる。

第三番目は、規則があることは分かっているし、それが良いことだということは分かるが、一番都合がいいのは皆が規則を守ってくれて、私は守らないで勝手にするのが一番よい。わがまま勝手な言い方ですが、でもこういう人もいるのです。皆規則守れ、私だけは守らないという人がいるわけです。口に出して言うか、言わないかはともかくとして。

ところで、この二の立場、他の人の全て、あるいは大多数が守るなら自分も守る。しかし自分だけが馬鹿を見るなら止めた、というのは非常に不安定ですから、これは直ちに第三に移行します。だんだんそういうようになっていく。分からなけりゃいいじゃないかという形で事柄が行われていく。皆が規則を守っていて自分は守らなくても、分からなければいいじゃないかということになります。ことに分からなければいいじゃないかというところが増えてきますと、この第三の態度というのが益々増大することになります。この基準というのがどうしても守らなければならない、守らないと困るということになりますと、それをくい止めるためにはどうするかというと、強制力を必要とするのです。

つまり罰則を強化します。そしてそれをうんと強くすれば、守れるようになれる。

私の家の近くにゴミの集積場があります。恥ずかしながら、回り近所を見回してみますと他の所もあるのですが、家の近所の所が一番悪いのです。ゴミの収集日ではないのにゴミが出る。大体所沢は燃えるゴミと燃えないゴミ、燃えないゴミとビン、カンとは別に分けるというのですが、全然分けないで、全部一緒に出してある。ですから収集する人は持っていかない、それで残るのです。燃えるゴミの時に、燃えないゴミも一緒に出してしまう。ビン、カンも出す。悪いことにビン、カンと燃えないゴミとは一週間おきの収集なのです。だから一遍出して持っていかないと、二週間置きっ放しということになるのです。本当に汚くなるのです。それで、どんなに分別してください、ゴミの収集日以外は出さないでくださいと書いてもだめなのです。朝早く置いていくのです。自動車ですーっと来て通る時にポーンと投げていく。何故そんな行為をする分からない。これを防ぐためにどうするか。それこそ立ち番でも立て、そして厳重な罰則。そうすれば守れるようになるかも知れません。ですから今日本では、そういうことがイタチゴッコに起こっています。

しかしこういう強制力を持ってという事柄は人間性に反しますし、人権侵害を侵す場合があります。そうするとどうなるのか。この第一番目、他の人はどうであろうが私は規則を守る、そういう態度が本当は理想的なのですが、そこへはなかなか行かない。理想的なのですが、そこにはなかなか行かないだけでなくて、自分だけが守ってもどうしようもない、他の人も守らなければ、やはり何にもならない。つまり、これは自分も守るけれど他の人も守ってもらわなくてはならない。他の人も同じように他人《ひと》はどうであろうとも、私は守るというようになってもらわないと困る。しかしそれは強制力ではできない。そうすると、この第一番目に移行できるのは、つまり自立性を強めるということは一体どうしたらできるのか。

これは、ただ一つしかないと思います。それは自分を超える存在、つまり人間存在を超えた存在というものを認める。そしてこの基準はそこから出ているのだということが本当に受け取られる時に、この自立性という事柄も初めて出てくることになります。ですから、自立性は自分がしっかりすればいいのだということではないのです。そうではなくて、本当に人間を超えて在るところのものが認められるところで、初めて本当の意味での自立性ができてくるということになるのです。

聖書は、そういう秩序というものの基本は、それは天地を造られた神に在る、このことを示そうとしているのです。これから全ての事柄が出てくることになるのです。ですから、世界が造られ、調和の中に造られ、一つ一つ個別的でありながら全体として調和の中にあり、その調和が保たれるということの為にそこには秩序が置かれている。この秩序が守られるということは、これは「我は天地の造り主なる神を信ず」というところに立たないとこのことは出てこない。これが創世記の天地創造の理解なのです。

私共は、「知・行・信」ということをよく申します。知るということ、行うということ、信ずるということに至る、と。これは、仏教の方で出てくる言葉ですが、知るということだけで留まっていれば、それは信に至らないのです。ですから私共は、そういう意味で頭でっかち――ある人がうまいことを言いました――、「首だけ上のクリスチャンになるな、首から下のクリスチャンになれ」と言われましたが、そういうことなのです。頭の上だけでのものであれば、本当の信には至らない、やはり私たちの下半身で行ずるということによって初めて信仰に至る。これは仏教的な考え方の中にもあるのですが、私は本当だと思います。

しかしもう一つの面があります。それは信じる事柄から始まる、信じる事柄から知る事柄に至る。だから信じなければ本当に知ることに至らない。そして知るならば、それは行う事柄に至る。だから「知・行・信」という形になる。こう今は言われているのです。

そういうことを申しますと、「我は天地の造り主なる神を信ず」というところから、本当の意味での「知」、つまりこの世界の成り立ち、そして私たちの存在、その中にある調和と秩序について知る事柄が起こってくる。信じなければそれは起こらないのではないか。あれやこれや理屈を付けて、そして都合のいい方に、都合のいい方にと、解釈したりしてしまうことになる。知ったとしても信じることがないと、それが行う事柄に至らない。やはり自分だけが良ければいいじゃないか、という考えになりかねない、こういうことになるのではないだろうか。

そのことを思いますと、「創造」は、つまり、「神は天地の造り主である」ことを信じる事柄は、本当に重要なことであるし、また私たちは、その信じる事柄をただ頭の中で、「ああ、そうだろうなあ」などと考えているだけのことではない、そこに造られた意図、そして造られたものと造った方との関係・関わりはどうなのか、という事柄を本当に捉えることが大事なことになると、考えさせられています。そして、そのことがやはり、もちろんキリスト教ですからキリストの言葉というものは重要なのですが、そのキリストもやはり天地の造り主である神を父として信じ、その御旨に従ってこられたのですから、やはりそのことを私たちは本当に踏まえさせていただきたいと思っています。

お祈りいたします。

天にいます父なる神さま、このひとときを与えられまして感謝いたします。あなたは真に天地の造り主で在られる神でおいでになります。聖書はそのことを古い時代から証ししてまいりました。そしてそのことの意味を深く考えて、信じて、そしてそのお言葉に従ってまいりました。

人間がだんだんとそれから離れて来ました時に、私たちの今日の様々な問題が起こっていることを覚えずにはおられません。私たちはこのことを本当に畏れながら、心から信じていくことができますように。信じるが故にあなたの御旨を知り、そしてそれに従って生きることができますように導いてください。

一人だけではどうにもならないことですが、しかしそのような存在が一人でも二人でもある所に、この世界の希望がまたあることを私たちは覚えさせられています。どうぞ私共自身、この希望をもって歩み続けることができるようにしてください。

この集会の時を備えてくださいましたHさんご一家の上にあなたの豊かな祝福がありますように。また、集いました一人一人に上よりの祝福が豊かにありますように。

御名によりまして祈ります。アーメン

（一九九四・六・六　南沢集会）

4 祝福（祝祷）

コリントの信徒への手紙二　一三章13節

祝福（祝祷）

主イエス・キリストの恵み、神の愛、聖霊の交わりが、あなたがた一同と共にあるように。

（コリントの信徒への手紙 二 一三13）

きょうは、祝福、括弧して祝祷という題にしましたが、祝祷というのは祝福の祈りという意味ですから、祝福のことについて少し最初にお話をしておきたいと思っております。

この「祝福」という言葉は、聖書では非常に広く、また深い意味を持っております。旧約聖書にも祝福という言葉はもちろんたびたび出てきますが、旧約の祝福するという動詞――大体言葉というのは動詞から始まっていきます――その動詞の元の意味は、「救いに満ちた力を与える」（96頁）という意味であります。この祝福を与えるということは、いずれの宗教においてもなされたことです。決して聖書の宗教だけが祝福を与えるということではありません。しかし、周辺世界、つまりイスラエル民族の住んでいた回りの世界の宗教、そこでの用い方と比べ、聖書的な祝福の概念には際だった特徴があります。

第一に、元々この祝福というのは、呪詛《じゅそ》ということと結びついていました。呪いです。しかし聖書においては、祝福において神だけが主体とされまして、祝福は神のみに帰せられる。つまり他のところから祝福が来ることはない。こういう特徴が一つあります。

第二番目は、祝福ということが後に、神の約束と結び付けられることにより、神の救いの歴史と結び付けられます。このことによって祝福は呪術的な性格、つまり呪いということと結びついたような性格、あるいは何かのまじないとか、そういう性格を失いました。そういうものが無くなったのです。大体祝福とか呪いとかいうものには、一つのまじないのようなものが伴うわけです。しかし聖書においては、それが無くなってまいりました。しかし、これは後のことでありまして、最初からそうであったというわけではありません。

祝福には「力がある」とされまして、ただ単なる言葉以上のものだと捉えられています。創世記二七章1～41節に、イサクとヤコブの物語が出てまいります。そこは大変有名なところでありますが、ヤコブとエサウが兄弟で、イサクの子どもです。そのヤコブが兄エサウと父イサクを騙して、兄エサウに与えられるはずの「祝福」を奪い取ってしまったという話が出てまいります。ここでは母リベカ

が最初にヤコブに策略を持ちかけるのです。ヤコブは祝福を受けるどころか反対に呪いを受ける、とためらいます。するとこのリベカは、その呪いは私が受けます、と言ってヤコブを励ます。励ますというのはちょっとおかしいのですが、そそのかすわけです。しかし、誰も祝福も呪いも代わって引き受けるということはできないのです。これが基本的な事柄です。その母の言葉にヤコブは同意して策略を実行に移す。細部は省きます。

　目がかすんでいるイサクは、ヤコブを兄エサウと思いこんでヤコブを祝福するのです（写真、Govert Flinck, 1615～1660, "Isaak zegent Jacob", 1638）。神が幸いを与えてくださるようにと祈りまして、その祝福の言葉をこのように締めくくるのです。「お前を呪う者は呪われ、お前を祝福する者は、祝福されるように」（29節）。祝福と呪いとは結びついているわけです。

　やがてエサウが祝福を受けようとして帰ってきます。そこでイサクは驚愕して、それでは今のは一体誰だったのだということになります。事態、つまりヤコブが兄エサウだけではなく、父イサクをも騙して祝福を自分のものにしてしまったという事柄が判明いたします。

　エサウは「わたしのために祝福を残しておいてくれなかったのですか」（36節）と問います。

父イサクは言います。「わたしの子よ。今となっては、お前のために何をしてやれようか」（37節）。エサウは叫びます。これはもう悲痛な叫びです。「わたしのお父さん。祝福はたった一つしかないのですか。わたしも、このわたしも祝福してください、わたしのお父さん」（38節）。

しかしイサクはどうすることもできませんでした。やっと与えたのは、「お前は弟に仕える。いつの日にかお前は反抗を企て、自分の首から軛を振り落とす」（40節）という言葉だったわけです。

これはエサウの子孫であるとされるエドム人と、イスラエル人との数千年にわたる確執の予告であったわけです。このエドム人とイスラエル人との確執は、主イエスの降誕の時代、それよりもうちょっと後まで続くことになります。皆さんご存知のあのヘロデという王、イエス降誕の時に二歳以下の男の子を殺せと命じた王ですが、彼はエドム人の出身です。ですからユダヤ人の新しい王が生まれたというのは非常な驚きであり、また不安、恐れでもあったわけです。ですから子どものうちに早く絶ってしまえということになったのです。

私たちにはこの話で奇妙に思えることがあります。それは祝福を受けたはずのヤコブは、兄の憎しみと殺意を避けて、無一物で遠くハランまで逃亡しなければならなかったということです。ハランはずうっとカナンの地の北の方で、ユーフラテス川の上流に位置する所、そこはまたアブラハムのいわば出発点であったわけです。そこまで彼は逃亡いたします。策略をけしかけた母リベカにとって、これは愛する息子との最後の別れとなります。母は逃亡を勧めて、「一日のうちにお前たち二人を失うことなど、どうしてできましょう」（45節）と言ったのですが、結局彼女は二人とも失ったのです。帰って来るのを見ることなくリベカは亡くなります。エサウはカナンを離れ、死海の南に広がる荒れ野に行き、狩猟と牧畜で生活をするようになり、豊かになります。

そうすると、一体あの祝福は何処へ行ったのか、あの祝福は何だったのだろうか、ということになります。確かに、ヤコブを始祖、始まりとするイスラエル人、もちろんアブラハムから始まるわけですが、しかしヤコブにイスラエルという名前が与えられましたので、そこからイスラエル人というのは出発をしていくわけです。そのイスラエル人は長くエドムを支配いたしました。けれども、その兄よりも弟の方が強くなるというのは、この二人の誕生の時にすでに神によって定められていたことで、このヤコブが祝福を奪い取ってしまったということの結果ではなかったのです。つまりヤコブは策略をもってエサウから長子の権利を買い取ったり、あざむきによって祝福を奪い取るという必要はなかったわけです。それは神さまが定めておられたことですから。

このことは、祝福は神から与えられるものであって、自分の知恵や力で獲得しようとするなら、災いあるいは呪いになることを示そうとしているのであろうかと思われます。つまり祝福は、神のみから来るものですから、人がそれを与えることはできません。従って、それを自分の力や知恵で奪い取るということも本来はできないものです。いずれにしましても、ここではまだ祝福と呪いは結びついていたのです。

祝福の歴史――三つの段階

旧約聖書では、この祝福の歴史は三つの段階を示しております。

第一は、祝福は家族の間に限られ、父から息子に与えられる生命力というふうに捉えられる段階です。ですから父イサクがヤコブを祝福する。あるいはエサウを祝福しようとする。またアブラハムが子どものイサクを祝福する。父から子に与えられるというのが、この祝福の第一の段階でありました。この祝福を与えるという事柄は、まだ祭儀――祭儀というのは大体は犠牲を伴う儀式のことです。神へ献げる儀式――そういう儀式、祭儀ではないのですけれども、一定の儀式によって行われ、一定の行為と言葉が役割を果たす。ですからイサクがエサウを祝福しようとする時にも、しかを捕ってきて私のためにごちそうを作れ（4、31節、口語訳には「しか」と記載されている）、そしてお前の子からそれを食べよう、そしてお前を祝福しよう。それから、イサクがそのふりをしてやって来るのですけれども、彼に口づけをして、そして祝福をする。そういう一つの、ある意味での儀式的なものがそこに備わっているわけです。つまりイサクの祝福というのは、こういう祝福が与えられる時には、こういうような一定の行為があり、言葉があることを意味しております。

この祝福は家族の間で父から息子に与えられるものです。従って創世記四七章10節――これはヨセフがエジプトに行き、飢饉にあった一族を呼び寄せるというところが出てまいります――ヤコブは亡くなったと思っていたヨセフが生きていたので非常に喜び、一同揃ってエジプトに下っていくのです。そこでエジプトの王、ファラオに謁見いたします。そこでヤコブはいろいろと尋ねられ、それに対してエジプトのファラオを祝福したということが記されています（「ヤコブはパロを祝福し、パロの前を去った」口語訳）。このことは異例のことなのです。家族の間に限られていることを、ファラオに対して祝福をしたというのですから、異例のことであります。そこで、ここのところを、口語訳では「祝福した」となっているのですが、新共同訳では「別れの挨拶」と訳しました。新改訳でも「あいさつ」という訳を一応採用はしているのですが、欄外の注に「祝福した」、と注をしております。（岩波版も「祝福した」とあり、欄外の注には、「祝福の言葉をもって挨拶した」と書かれております）ですからちょっと別れの挨拶ということでは十分ではないのです。そして後で申しますけれど、実は別れの挨拶は祝福なのです。それが本来の持っている意味であったわけです。

先に申しましたように、挨拶と祝福というものは一体をなしておりました。その最も一般的な形式は、「シャローム」という言葉です。これは平和とか平安と訳されています。しかしこの「シャローム」というのは、共同体が救われている状態を表す言葉です。ですからただ単に平和、戦いが無い状態ということを意味するのではありません。また心が平安であるということだけを意味する言葉でもありません。何と言いますか、豊かさとか、繁栄とか、そういうことも含んでいるわけです。救われているという状態というものを「シャローム」という言葉が表している。ですから祝福が作用するところにのみ、この「シャローム」が存在するということになります。

第二の段階は申命記であります。おそらくこの申命記の成立は、紀元前六五〇年頃と思われていますが、この申命記においては祝福は民族に対して与えられるものとなっています。しかし申命記では、常に祝福と呪いが対置されています。それが非常に際立っているのが申命記の特徴であります。申命記一一章26節を見ますと、「見よ、わたしは今日、あなたたちの前に祝福と呪いを置く」と言われています。ですから、祝福か呪いか、というような一つの厳しさというようなものを含んでいるということになるわけです。民族に約束されてきた祝福というものは、その民が神に対して忠実であるかどうかということにかかっている。もし不忠実であればそれは呪いとなる、ということになるわけです。これが、第二の段階であります。

第三の段階は、次第にこの祝福は祭儀。先ほど申しましたように犠牲を伴う祭、儀式、あるいは礼拝の領域に狭められていきます。そうでない部分もあるのですけれども、大体そこが中心になってまいります。その際、祝福の行為は祭司がするということに限定されます。そういう祭儀や礼拝においてでない祝福というものも存続していたということも事実です。つまり家族の中でなされるというものです。

祝福は元々別れの時に与えられるものであったものですから、礼拝においても散会の時に祝福が唱えられたのです。礼拝以外では、家族内で誕生、別離、結婚、臨終の際に祝福が唱えられました。また、日毎のパンが食事の度に祝福されたのです。新約聖書を読みますと、マルコ福音書六章41節以下に五つのパンと二匹の魚で五千人を養われたという個所が出てきます。それから八章6節以下に七つのパンと少しの魚で四千人を養われたという個所が出てきます。その時にもイエスは人々を座らせて、パンを取ってこれを祝福して裂かれた、と口語訳では書いてあります（「賛美の祈りを唱え」、「感謝の祈りを唱え」新共同訳）。また、最後の晩餐の時も祝福が唱えられたわけです。もっとも新共同訳では、この祝福の言葉ではなくて、全てを賛美の祈り、あるいは感謝の祈り、と訳してしまっているのですが、これは私たちがする感謝の祈りというような事柄ではなくて、やはり祝福なのです。岩波版の新約聖書では、「神を祝して」というふうに言葉の持つ意味を伝えております。こういうふうにいわば日常のこととして、そのことがなされたと言えるでしょうか。

こういう段階を通りまして新約聖書に至るということになります。新約聖書においては、すでに成就した契約の現実感というものに支えられています。つまり、新約の時代になりますと、ただ約束があっただけではなくて、その約束が成就したという現実感があります。従って祝福は、イエス・キリストにおいて現実となっている。そういう意味で、神の祝福というものが強調されるということになります。

主イエスは権威をもって祝福をお与えになられました。その一つの例がマタイによる福音書五章3節以下の所です。大変有名なところですが、「心の貧しい人々は、幸いである、天の国はその人たちのものである」という、こういう形でずっと行くのですが、原文を読みますと、一番最初に「幸福《さいはひ》なるかな――文語訳ではそうなっていました――幸福《さいはひ》なるかな、心の貧しき者」、もう少し忠実に言いますと、「何と幸いなことであろう、心の貧しい人々は」というような形になります。これは祝福の言葉です。ですから、ここの所を「山上の説教」と呼ばないで、「山上の祝福」という人もあるわけです。こういうふうにイエスは祝福を人々にお与えになる。そして人々は権威ある者としての教えに驚く。先ほど申しましたようにに祝福を与えることができるのは神だけですから、その神が与えられるように主は祝福をお与えになったというので、人々は非常に驚いた。このことが同じマタイ七章28〜29節に出てまいります。「イエスがこれらの言葉を語り終えられると、群衆はその教えに非常に驚いた。彼らの律法学者のようにではなく、権威ある者としてお教えになったからである」。ですから、権威ある者としてお教えになったというのはそういう意味合いでありまして、神がお与えになられるはずのものを、イエスは御自分が神であるかのようにお与えになられた、というところに表れているわけです。

こういうわけで、主イエスの言葉と業は、祝福がここにあり、それが人々にもたらされる、ということを表しています。イエスがなさった、癒しであるとか、愛の行為であるとか、そういうものはここに祝福があるよ、それはあなたがたの所にもたらされているよ、ということを表しているわけです。それは本来的に救いを満たすところの力（86頁）ですから、それがここには満ちているんだ、と主イエスは示しておられるのです。

さらに主イエスは、弟子たちに祝福を与えて送り出す。弟子たちを祝福されただけではなく、弟子たちに祝福の権能を与えて送り出される。つまり、人々に神の祝福をもたらすために送り出される。後で申しますけれども、これが本来的に私共が宣教とか、あるいは伝道とか言っていることの言葉の意味なのです。ただ単なる教えを宣べるということだけではありません。イエスにおいてもたらされている祝福を他の人々のところにまで持っていく、そのことが「宣教」とか「伝道」とかと言っている意味であります。

書簡・手紙においては、祝福が結びの挨拶として用いられるようになっております。

先ほども言いましたように、礼拝における祝祷は祝福の祈りですから、ある教会では祝祷と言わないで、その部分を祝福と言っている教会もあります。従って、今日の礼拝における祝祷には、今まで述べたような聖書の背景があるということを忘れるわけにはまいりません。さらに祝祷は、現在大抵の教会でなされている祝祷が唯一のものであるわけではないのです。先ほどコリントの信徒への手紙の第二の一三章13節を読んでいただいたのですが、あれが通常教会でなされている祝祷です。多くの方はあれが祝祷だと思っておられるのですが、しかし、祝祷というのは他にたくさんあるのです。あれだけではないのです。

旧約では民数記六章24〜26節にあるアロンの祝福というのが最もよく知られています。

主があなたを祝福し、あなたを守られるように。
主が御顔を向けてあなたを照らし　あなたに恵みを与えられるように。
主が御顔をあなたに向けて　あなたに平安を賜るように。

このことはまた後で申し上げたいと思っております。このアロンの祝福は、旧約でだけ用いられて、もう今は用いられないなんて、そんなことはありません。ルター派、あるいはカルヴァン派の系統の教会では今日でもこのアロンの祝福が用いられているのです。

聖公会系の教会では、フィリピの信徒への手紙四章7節「あらゆる人知を超える神の平和が、あなたがたの心と考えとをキリスト・イエスによって守るでしょう」。まあ、祝福の言葉では、「守るように」というふうになるわけです。その言葉の後に、中世の司教の祝福というものを加えて用いています。

あるいは、ヘブライ人への手紙一三章20～21節「永遠の契約の血による羊の大牧者、わたしたちの主イエスを、死者の中から引き上げられた平和の神が、御心に適うことをイエス・キリストによってわたしたちにしてくださり、御心を行うために、すべての良いものをあなたがたに備えてくださるように。栄光が世々限りなくキリストにありますように、アーメン」。これは祝祷、祝福の祈りであります。また、テサロニケの信徒への手紙 第一 の五章23～24節を用いるところもあります。「どうか、平和の神御自身が、あなたがたを全く聖なる者としてくださいますように。また、あなたがたの霊も魂も体も何一つ欠けたところのないものとして守り、わたしたちの主イエス・キリストの来られるとき、非のうちどころのないものとしてくださいますように。あなたがたをお招きになった方は、真実で、必ずそのとおりにしてくださいます」。これも祝祷なのです。ですから手紙の終わりにこういうふうな祝祷が、いわゆる結びの言葉として付け加えられているということになります。

ところで今日祝祷というのは、礼拝を締めくくるものとして用いられていますが、それは最初からではありませんでした。祝祷は祝福でありましたから、キリスト教会の最初の礼拝は共同の食事でした。これはこの前、聖餐のところでお話しをいたしました。したがいまして、食卓における祝福がそのまま祝福であったわけです。このことはこの前も述べたところですが、やがて聖餐が愛餐、つまり食事と分離され、いわゆる礼拝の中に移されるに伴いまして変化が生じました。初代の教会では、次第に陪餐は信仰者に限られることになりましたので、したがって聖餐が守られる前に未信者の退出が宣言されました。「イテ・ミサ・エスト Ite missa est」――退出というような意味です――そこからミサという言葉がカトリックでは礼拝を意味するものとして用いられるようになったのです。ミサというのは礼拝でありますから、必ず聖餐を伴うものであるということは、前にも述べたとおりです。この未信者の退出の前に彼らのために祈りがなされまして、それが祝祷だったのです。しかしまあ、四世紀になりますと、この「イテ・ミサ・エスト」つまり退出という言葉は無くなりまして、今日は用いられていません。祝福は礼拝の最後の部分に移されたわけです。このことが今日までずうっと引き継がれているということになります。

さて、祝福はきわめて重要なものであったのですが、それは次第に一般化されまして挨拶というふうに変わってきました。旧約外典という、私たちが通常使用している聖書には付いていませんが、新共同訳聖書になりましたときに続編付き聖書が出まして、カトリックではそれを用いるのです。その続編は「外典」、正典に対しまして外典と呼ばれているわけです。その中に『トビト書』があり、紀元二世紀頃の著作であります。その『トビト書』ではそういう一種の挨拶のような傾向が見られるようになっております。ですから、例えば『トビト書』では、これから旅に出かけるという時に、「兄弟よ、あなたに祝福がありますように。……天の神が、かの地でお前たちを守り、無事にわたしのもとに戻してくださるように。わが子よ、神の使いが道々お前たちと共に歩み、無事に旅をさせてくださるように。」（五17等）というのです。これは、楽観的な経験、信仰的な態度というものがそのことの中に表現されております。そして今日、祝福の一つである「シャローム」というのはユダヤ人の間では挨拶の言葉であります。これ一つで「おはよう」「こんにちは」「こんばんは」「さようなら」全部意味するわけです。

しかし、主イエスはこれを単なる挨拶とはされませんでした。ヨハネによる福音書一四章27節を見ますと、「わたしは、平和をあなたがたに残し、わたしの平和を与える。わたしはこれを、世が与えるように与えるのではない。心を騒がせるな。おびえるな」と、こういうふうに言われたことが記されております。この「平和」は、口語訳のように「平安」としてもいいのです。もちろんヨハネはギリシア語で書かれておりますが、このギリシア語の言葉、エイレネー eirēnē という言葉は常にヘブライ語のシャローム šālôm の訳語として用いられています。ですから、イエスがそういう意味で言われたとすれば、これは「シャローム」と言われたと、言っていいと思います。ここでは世が与えるようにではなく、と言われているのですが、そのことは端的に楽観的な経験から出る挨拶化した言葉ではなくということを意味していると、言ってよいと思います。

従って、ヨハネによる福音書二〇章19節に、復活の主イエスが戸を閉じている弟子たちの真ん中に立って言われた言葉、弟子たちが恐れて戸を閉じて潜んでいましたら、主イエスが部屋に入って来られて真ん中にお立ちになって、そして言われた。新共同訳では「平和があるように」とあり、口語訳では「平安あれ」と記されていますが、この言葉を「こんにちは」、まあ夕方とありますから私たちで言えば「こんばんは」なのでしょうか。もっとも先ほど言いましたようにヘブライ語の使い方――この当時はアラム語ですが、そういう使い分けはしないわけですけれども――ある訳は「こんにちは」と言われた、と言っているのですが、それは全く主イエスが言われた意味を損なうものだというふうに私は思っています。

もっともこういうふうに最初は重く大切な言葉が一般化してしまうという例は、枚挙にいとまがありません。かつて教会の「しののめ」45号に、O姉が「Bless you（ブレス　ユー）」と題する一文を書いておられたのです。「ブレス　ユー」というのは、"God bless you" を簡略化したものです。「神があなたを祝福してくださいますように」あるいは、「神の祝福がありますように」というような意味であります。ところが、何とそれがクシャミに効果があるというのです。誰かがクシャミを連発していますと、"Bless you" と言うのだそうです。「お大事に」というくらいの意味になるらしいです。変わってしまったものだなあという気がいたしますが、O姉は祈りを込めた挨拶の言葉と言っておられるわけです。それが日本語には無いというのです。「おはよう」とか「こんばんは」には祈りは何も無いわけで、そのあたりが大分違うところだろうなあと思います。そのような意味で、非常に重く大切な言葉が一般化して、もう単なる言葉に終わってしまうという例はたくさんあるわけです。私たちにしましても、手紙の終わりに「お祈りいたします」と書くとき、それは単なる挨拶になっているのかも知れないと思います。

少し話を元に戻します。

礼拝の意味が見直されるにつれまして、祝祷の意味も見直されてきました。プロテスタントの教会では、礼拝が説教会的な色彩を帯びてきたということは以前に「説教」という題でお話しましたときに申し上げたところでありますが（『主の栄光へ向かう群れ――豊かな礼拝を願って』ヨベル、二〇〇四年所収）。これは欧米のことなのですが、少し時代は前だと思います。ある人が日曜日の朝になると「今日は誰が説教を聞きに行きますか」と言うのだそうです、そうすると誰それが行きますと言う、そうすると献金を託す、あるいは説教をよく聞いてきてくれと頼む、というようなことが行われたようです。あるいは私共も教会に少し遅れると、「いやー、説教には間に合ったからよかった」と言うようなところです。

しかし、礼拝が共同体の礼拝であり、礼拝の中心は主であり、主が求め、呼び集められるのだということが再認識されました。それと共に、主が最初に呼び集められた弟子たちの共同体がそうであったように、この教会――呼び集められた人々の群れ、共同体もここにおいて一つにされ、与えられている祝福を確認し、それを人々にももたらすべく遣わされて行くのだということが再確認されました。そうであるなら、祝福・祝祷は、祝福を与えると共に、派遣を意味するということが強調されるようになったのです。日本聖公会の祈祷書 ―― 祈祷書というのは、お祈りの言葉を書いてあるという意味ではありません、礼拝の中で使用される交読文やいろいろなものです、祈りの言葉も入っておりますけれど、そういうようなものが特定の日については、ここにこういうふうに用いなさい、というような形で記されているものです。―― その祈祷書の中には、この祝福・祝祷として司祭が「願わくば父と子と聖霊なる全能なる神の恵み、常に汝らと共にあらんことを。アーメン」と言いまして、これがいわゆる祝祷に当たるわけです。続いて司祭または執事 ―― 執事というのは大体役員のことであります ―― が、「いざ、我ら出《い》でゆかん」と言いますと、会衆が「主の御名によりて。アーメン」と応唱すると、述べられています。

私も、礼拝が宣教共同体の礼拝であるということを覚えましたときに、祝祷の言葉を変えました。それまでは先ほどのコリントの信徒への手紙の第二の一三章13節、それを用いていたのです。ついながら申しますと、「主イエス・キリストの恵み、神の愛、聖霊の交わりが、あなたがた一同と共にあるように」というのが元々の言葉なのですが、人によってそれにいろいろな言葉を装飾的に付け加えるというようなことがなされております。私は、付け加えてくださるのはもちろん結構なことだと思います。というのは、祝祷というのは、先ほど聖書を読みましたようにいろいろな形のものがあります。そしてパウロがそれを書いたり、ヘブライ人への手紙の作者が書きましたときに、形式化されていたものではなかったのですから、そういう意味では自由な裁量があっても差しつかえないと思っております。しかし私は、聖書に記されているとおりの言葉を一応用いるのが一番よいのではないかと思っています。

その言葉を変えたのですが、それは祝祷というものには何らかの形でマタイによる福音書二八章18節から20節の主イエスの言葉、これは「宣教命令」と普通言われております。

わたしは天と地の一切の権能を授かっている。
だから、あなたがたは行って、すべての民をわたしの弟子にしなさい。
彼らに父と子と聖霊の名によって洗礼を授け、
あなたがたに命じておいたことをすべて守るように教えなさい。
わたしは世の終わりまで、いつもあなたがたと共にいる。

この言葉が何らかの形で祝祷には反映しているべきだと考えましたので、変えたわけです。教会ではいつもそれを使っているのですが、皆さんはお聞きになったことがないかも知れません。こういう言葉であります。「これで礼拝は終わった。あなたがたは出て行って、主イエス・キリストを証ししなさい。主が世の終わりまであなたがたと共にあるように。」その後にアロンの祝福（民数記六24～26）を加えます。「願わくは主があなたを祝福し、あなたを守られるように。願わくは主が御顔をもってあなたを照らし、あなたを恵まれるように。願わくは主が御顔をあなたに向けて、あなたに平安を賜るように。」祝福と恵みとそして平安というのが、大体この祝祷の内容を構成していると言ってよろしいかと思います。

この礼拝における祝祷が按手礼を受けた牧師に限られるとする慣習が、いつの頃から始まったのかはよく分かりません。おそらく旧約の祭儀・礼拝における祝福が、祭司に限られたという事柄に発しているのではないかと思います。しかしこのことは、洗礼や聖餐の執行者については『教憲教規』に記されているのですが、それと同じようには明文化されてはおりません。まあ、慣習だからだと思います。洗礼、聖餐の執行者については、これは共同体の秩序に関することでもありますから、それを限るというのはある意味では当然のことかも知れないと思いますが、祝祷は礼拝を司《つかさど》るべく委託を共同体から受けた者は誰でも、神からの祝福を取り次ぐということとしてなされてよいのではないかと、私は原則的には考えております。

こうした礼拝における祝福とは別に、私たちが互いに祝福を送るという事柄がもっとなされていいのではないか。私共は、例えば手紙の後に「祝福がありますように」とか、「シャローム」とかという言葉を書き添えることはありますけれども、先ほど申しましたようにいささか挨拶化され、一般化してしまっているような感じになっています。もっとそうではない深い背景を持った言葉として、神の祝福を祈るという事柄、それは力があるのだということの上で、これが互いに交わされるということはもっとなされてもよいのではないだろうか、と思います。つまり、神が与えてくださる祝福を他の人におくる、あるいは互いに祝福を分かち合うという事柄は、私たちが旧約聖書から受け継いできた信仰の秘儀であると、私は考えています。

私はある時、ある人に祝福をおくってくださいと言われて、ちょっとためらった経験があります。それは祝福をおくるに、つまり祝福をおくるにふさわしい人、ふさわしくない人があるように思うからです。ですから皆さんが、「あの人に祝福をおくってあげてください」と言われて、時には「えーっ、あんな人に」と思うこともおありになるのではないかと思うのです。しかし、主イエスはそういうような、何と言いますか、排除というとおかしいですが、そういうことは必要ないと思っておられたようです。それがマタイによる福音書一〇章12〜13節に記されています。「その家に入ったら、『平和があるように』と挨拶しなさい。――これもその挨拶になっているのですが、本当はそうではないのです。神の祝福を祈るということなのです。――家の人々がそれを受けるにふさわしければ、あなたがたの願う平和は彼らに与えられる。もし、ふさわしくなければ、その平和はあなたがたに返ってくる。」

つまり、祝福をおくりなさい。その家に入ったら、その家の人たちに祝福をおくりなさい。その家の人たちがそれにふさわしければ、それはその人たちのものになるけれども、ふさわしくなければ、その祝福はあなたに返ってくるというのです。これは祝福を与えた方が勝ちだということになります。そイエスはそう言われるのです。ですから私共は、人のために祈るという場合に、あの人の為に祈るなんてとんでもない、などと考える必要は何もない。神さまが、もしふさわしければその人を祝福なさる、しかしふさわしくなければそれは自分に返ってくることになる。こう言われるのですから、私共はどういう人に対しても祝福をおくってあげるという事柄が、結局私自身のものになるということを意味しているということになります。

このことは、新約時代には、教会の中でお互いに非常に深くなされたことであったようです。しかし今日、そのことをもう一度私たちの中に回復するという事柄は、大変重要なことではないだろうかと思っています。そこから私たちがあの祝祷を受けて、つまり礼拝において呼び集められ、そしてそこで神さまの契約が成就し、私共は祝福に与っているのだということを確認します。それをいただいてさらにそこから遣わされて行く、人々に祝福を分かつために。私たちが出て行きます時に、その祝福を人々のところにもたらすという事柄がどういう意味合いを持っているのかという事柄が分かるように思います。私はこうしていくところに教会の使命がある。そのことのために教会は立てられており、私たちは共同体として呼び集められたのである。と同時に、そのことを果たすということにおいて、教会は生命を保つのだということを、あらためて覚えさせられるのです。

お祈りいたします。

天にいます父なる神さま

よき日、よき時をお与えくださいまして感謝いたします。守りのうちに、あなたの祝福のうちに、今日も導かれましてこの時に至らしめられましたことを感謝いたします。

いろいろなお差しつかえの元にお出でになれない方もございましたけれども、共に集まり、御言葉をとおして「祝福」について学ばせていただき感謝いたします。

単なる約束ではなく、主イエスにおいて祝福は私共の現実となっており、私たちはそれを知っていても知らなくても溢れるばかりにいただいているのです。どうかそのことが覚えられますように導いてください。

また、私共はそこから私たちを祝福してくださったその祝福をもって、他の人を祝福するようにと求められていることも覚えさせていただくことができますように。

教会の礼拝の中であなたの祝福を確認し、祝福をいただいて出かけて行きますように。

この世にあって私たちは人々のために祝福を求め、そして祝福を送る者であることができますようにならせてください。

どうか祝福が自分一人のものにしまい込まれてしまうのではなく、分かち合われるものとしてくださり、そのことによって、いっそう豊かにならせてくださいますようにお願いいたします。

どうかこのご家庭にも祝福が満ち溢れますように。お出でになっておられます方々お一人びとりにも、あなたの祝福が満ち溢れますように。

主イエスの御名によってお祈りいたします。アーメン。


（一九九八・十・十八　南沢集会）

5　教会暦

使徒言行録二〇章7～12節

教会暦

週の初めの日、わたしたちがパンを裂くために集まっていると、パウロは翌日出発する予定で人々に話をしたが、その話は夜中まで続いた。わたしたちが集まっていた階上の部屋には、たくさんのともし火がついていた。エウティコという青年が、窓に腰を掛けていたが、パウロの話が長々と続いたので、ひどく眠気を催し、眠りこけて三階から下に落ちてしまった。起こしてみると、もう死んでいた。パウロは降りて行き、彼の上にかがみ込み、抱きかかえて言った。「騒ぐな。まだ生きている。」そして、また上に行って、パンを裂いて食べ、夜明けまで長い間話し続けてから出発した。人々は生き返った青年を連れて帰り、大いに慰められた。(使徒言行録二〇7〜12)

教会暦という、皆さんにはあまりお馴染みのないことでお話をしたいと思いますが、今、聖書を読んでいただいて、ちょっと不吉な予感がなさったのではないでしょうか、「話は夜中まで続いた」。(笑)ひどく眠気がさしたら、どうぞお休みいただいて結構です。(笑)

ユダヤにはユダヤの暦というものがありますように、日本にも日本の暦があります。それが日本人の生活のリズムというものを形作っていたわけです。しかし今日、日本の暦というのは断片的にしか私たちの生活の中には残っておりません。年配の方はご存知ですけれども、もう若い人にとってはほとんど分からなくなってしまいました。

日本の暦の中で非常に重要であったものは、江戸時代に五節供《ごせっく》（年に5日が公式に法制化された式日）というもの、これは幕府が公式に定めたものです。元々は民間といいますか、民俗行事だったのですけれども、それと中国の行事とが結びつきまして、そういう形がすでにあったのです。そのあったものを幕府が正式に決定したということであります。そういう一つの、何と言いますか、生活のリズムがあったということを初めに理解していただきたいと思いまして、書いてまいりました。ごせっくというのは、「五節供」と書きます。私たちはこちらの方で節句《せっく》と呼んでおりますけれども、しかし決められたのはこういう形です。この供《く》というのは、「供える」という意味ではありませんで、「共に食い、する」という意味なのです。従って、こういう節供の時には何かを共に食するという習慣があったわけです。

決められましたこの五節供は、一月七日の「人日」――「じんじつ」と呼んでおりますが、一般には「七日正月」という言葉で呼びまして、この時には七草、今は七草の粥を食べます（別名：七草の節句)。七草を今は「草」という字を書きますが、種類の「種」という字を書きまして、これを「くさ」と読むのです。ですから、七種という意味なのです。この時代に食べましたのは、米、粟、キビ、ヒエ、蓑米《みのごめ》——これがどういうものか、調べてみたのですがよく分かりませんでした。——それにゴマ、小豆、それで七種、そのお粥を炊いて食べたというのですが、鎌倉時代から七種類の草、これは旧い方はご存知ですが、「せり、なずな、ごぎょう、はこべら、ほとけのざ、すずな、すずしろ」春の七草と申します。この時期に、つまり一月七日という時期にそれを探すことはとても困難ですが、この頃ではセットで売っているそうですね。私はセットで売っているとは知りませんでした。この人日《じんじつ》といいますのは、古い占いの本に、一日から八日までそれぞれの題名を付けまして、一日は鶏、二日が犬、三日が猪、4日は羊、五日が牛、六日が馬、そして七日が人なのです、八日は穀ですから、いわゆる穀物ということになります。そんなことから七日のことを「人日」と呼ぶようです。

三月三日、これは「上巳」——「じょうし」と呼んでいます。この字はご存知のように「み」です。ですから最初の巳の日というところから上巳と付けられ、巳というのは三に通ずるということで、三日ということになったわけです。まあ、そんなふうに呼ばれています。これが「桃の節供」と呼ばれるようになったのはいつの頃からかちょっと分かりません。

また紙・木・土などで、人間の形に作ったもの。古くは災厄や穢《けが》れをそれにうつして流したり、神霊の依代《よりしろ》とし、また、呪詛の際の対象物などとしたが、のちには子どもの愛玩用として多岐にわたるものが作られている。人間の身代わりに厄災を引き受けてくれる対象物としての人形（写真）。「ひとがた」と読みます。——それを作って海や川に流す、つまり流して罪や汚れをそこへ移すというのですね、それで災厄を免れる、こういう意味合いがあったのです。——ですからひな祭りの最初は流しびなだったのです。もちろん簡単なひな人形で、今のような豪華なものではありませんでした。今でも島根県や鳥取県の地方では流しびなの習慣が残っている、ということであります。それがやがてひな飾りになりまして、今日のような古典びなになっていくわけです。元々、節供というのは供食ですから、この時にはちらし寿司を作って食べたり、あるいは菱餅や白酒を飲むというような習慣ができたわけです。私が居りました松山では〝ひな荒らし〟と言いまして、女の子がいる家に押し掛けて、そしておひなさまのごちそうを食べ歩くという、そういう習慣がありました。

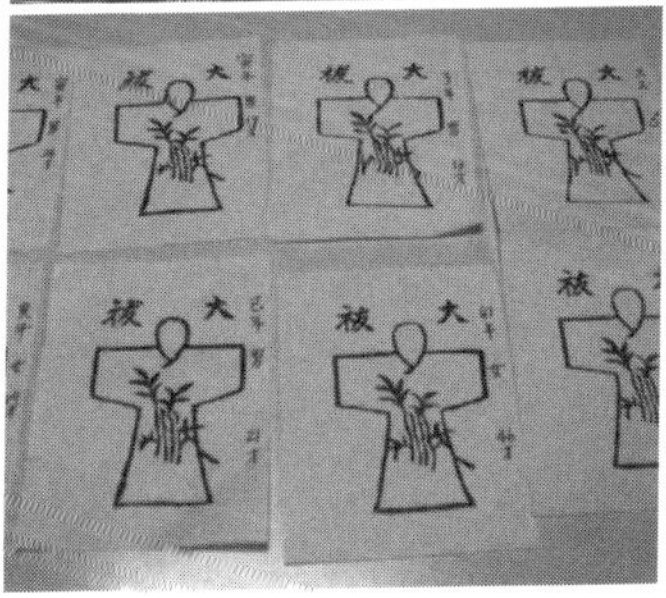

　五月五日は「端午《たんご》」ですが、これも午というのは〝うま〟のことですから、最初の午の日、それが午は五に通ずるというので五日になったわけです。そして、これは一

般的にはあまり最初のうちは流行っていなかったのですけれども、江戸時代に武家でそれを取り入れ、いわゆる武者飾りとか鯉のぼりを立てるというような形になっていったわけです。武者飾りというものは、一般の家にはあまり縁がありませんで、最初はそのようなものを飾る習慣はなかったのです。武家からきました。この時は「菖蒲の節供」と言いまして、菖蒲を使うわけですが、しょうぶというのは武を尊ぶという「尚武《しょうぶ》」（字音が「勝負」にもつながる）、それと通ずるというので菖蒲を用いるようになりました。この時は赤飯、柏餅、菖蒲酒を飲むというようになりました。

七月七日は七夕ですが、これをなぜ「たなばた」と呼ぶのか、むしろこれは後から来たのだと思います。最初は棚機《たなばた》と申しまして、「たなばたつめ（棚機つ女）」という伝説があります。機織りの女の人です。たなばたというのは機織り機のことですから、それを祭るというのと、中国の織姫の信仰が加わり、奈良時代に織姫信仰が中国から伝わってまいりまして、それが混ざったわけです。従って、織姫と牽牛の年一回のデートの日ということになっているわけです。この七夕の方は、あまり食べることと結びつきませんで、何を食べるというような習慣にはならなかったようであります。

九月九日はちょうよう（重陽）と言います。陽《よう》というのは実は奇数のことです、数字の奇数のことです。つまり一から十までの奇数ですね、それの一番大きい奇数が二つ重なるというので重陽《ちょうよう》となったわけです。この重陽というのは、幕府や朝廷ではいろいろな行事がなされたのですが、一般にはほとんどなされませんでした。ただ収穫後の骨休めの秋祭りという形で伝わりました。この日のことを御九日（おくにち、おくんち）と呼び、それが縮まって〝おくんち〟というようになったことから、祭のことを〝おくんち〟、ないしは〝くんち〟と呼ぶ習慣が残っているわけです。

これが五節供ですが、他に「二十四節気《にじゅうしせっき》」というのがありまして、これも中国から来たのです。二十四節気というのは、立春、立夏、立秋、立冬、それから別に春分、夏至、秋分、冬至となっています。このそれぞれの間に二つずつ節気が入りまして合わせて二十四節気（立春・雨水《うすい》・啓蟄・春分・清明・穀雨《こくう》・立夏・小満《しょうまん》・芒種《ぼうしゅ》・夏至・小暑《しょうしょ》・大暑《たいしょ》・立秋・処暑・白露・秋分・寒露・霜降《そうこう》・立冬・小雪・大雪・冬至・小寒・大寒《だいかん》）。私共は今はほとんど使いませんが、しかしこれが季節の変わり目を表しています。そしてこれに合わせて生活が営まれたわけです。ついでながら申しておきますが、節分というのは立春の前日のことでして、元々は立春、立夏、立秋、立冬、いずれにも節分があったわけです。しかし今は春の節分しか覚えられていません。こういうような事柄によりまして、生活や行事というものが日本では進められていったわけです。そしてこれらの行事というものは、全ていわゆる民間宗教と結びついております。

日本の教会はこれまでほとんど教会暦に対しては関心がなかったのです。従って、日本のキリスト者は教会暦が存在することすら知らない人が多いのです。日本の伝道というものが、教会暦にあまり関心がない、主としてアメリカの宣教師によってなされたということに依っていると思われます。しかしヨーロッパの教会では、ローマ・カトリック教会、東方教会――東方教会というのは、今日のハリストス正教会、ハリストス正教会というのは、ロシアに行った東方教会のことを言うのであって、ギリシアではまたギリシアで別の東方教会の流れがあるのです。ご存知の御茶の水のニコライ堂がそのハリストス正教会であります――それから英国国教会つまり聖公会、そういうような所のみならず、ルター派、メソジスト派の諸教会においても、教会暦は用いられているわけです。私の友人にルター派牧師の息子で、やはり牧師の人がいますが、彼は、自分たちの生活の流れというのは、教会暦に基づいてなされていると言っておりました。

日本キリスト教団で公式に教会暦を取り上げたのが当時の農村伝道専門委員会であったのです。これは非常に意味深いと私は思います。つまり農村の生活・行事というものは全て、日本の暦に基づいて、民間信仰というものと結びついていたわけです。それを止めるわけにはいかないので、農村教会はこれに替わる生活・行事の流れの基準というものの必要を感じたわけです。そこで、この農村伝道専門委員会で初めてこれを取り上げました。『教会の四季』という名前で小さな本を出しております。

私自身が教会暦に関心を持つようになったのは、小樽公園通り教会で、一教会の伝道・牧会の責任を初めて負うようになった時でありました。それまでの伝道師、副牧師の時代は、月に一度か、二か月に一度くらい説教の番が回って来るだけでしたから、他のことをあまり考える必要がなかったのです。関心も起こらなかったのです。ところが、主日毎の説教、あるいは主日礼拝全体の責任を負うようになって、クリスマスあるいは復活祭の準備は何時から始めるべきか、また一年間の流れはどうあるべきか、というようなことを考えさせられたわけです。そしてクリスマスの前にアドヴェント――つまり待降節とか降臨節とか呼ばれていますが――があり、復活祭の前にはレント・受難節というものがあり、またそこに至る流れ、方向があるということを初めて知りました。さらに母の日、あるいは花の日・こどもの日をどう取り入れるかということも問題がありました。私は戦後、日本基督教《キリスト》団になってから牧師になったわけですけれど、育ったのは組合教会でありまして、母の日、あるいは花の日・子どもの日は、だいたい五月、六月です。ちょうどその頃、聖霊降臨祭があるのですが、聖霊降臨祭よりも母の日や花の日・子どもの日を重視するような雰囲気さえあったわけです。しかしそれはおかしいのではないか、という感じがいたしました。

もう一つの問題は、その頃から私は主日礼拝において旧約聖書を読むべきだと考え始めたということによります。従来、礼拝において旧約聖書を読むということは極めて少なかったのです。教会に行く時には、新約聖書だけ持っていけばそれでこと足りたのです。神学生になってからも大体そうでありました。これは日本の教会全体の傾向でありました。従って、信仰歴十年、二十年という人でも、教会の礼拝で旧約聖書に基づいた説教を一度も聞いたことがないという人がおられたわけです。これが実を言いますと日本だけの現象ではないようでして、戦後ずっと一〇年にわたって日本に来られましたスタンレー・ジョーンズ（次頁写真、Stanley Jones, 1884～1973）という伝道者がおられましたが、この人さえ「旧約聖書は折りがあれば参考程度に読めばよい」と言ったのでありますす。ですから、日本だけの現象ではなかったと言えます。

しかし新約聖書と旧約聖書とを合わせたものが聖書であるとすれば、旧約聖書を主日礼拝に読まなければならない。さりとてその日の新約聖書にふさわしい旧約聖書を選ぶとなると至難

のことでありました。もっともこれは私の勉強不足のせいなのです。いずれにしましても、こうして教会暦を用いるということによりまして、一年間の主日礼拝に一つの方向性が与えられ、リズムと流れが生じ、それと共に旧約聖書を新約聖書と合わせて読むことによって、旧約のメッセージの方向を正しく捉え、また新約聖書を旧約聖書と合わせて読むことによって新約のメッセージに深さと幅とダイナミズムを加えることになった、ということができると思います。

それで、「教会で今度から旧約聖書も読みますから、今までのように新約聖書だけ聖書といって持って来るのではなくて、旧約聖書と一緒になったものを、本当の聖書を持ってきてください」と皆さんに申し上げました。まあ、ブツブツ、ブツブツ、不平を言う人もいて、「先生、新約聖書の目方はどれくらいか知っていますか。旧約聖書と合わせたものは、倍以上あるのですよ。」などと言われま

した。（笑い）しかし、それ以来ずっと、教会は替わりましたけれども、主日礼拝の時には旧約聖書を合わせて読むということを続けております。

教会暦を用いることに異議を唱える人は、テキスト、これはペリコーペ（Perikope 聖書を段落区分し、礼拝での朗読用に定められたもの：『旧約新約聖書大事典』より）と呼んでいるのですが、そのテキストが固定化しているために読む個所が限られ、聖書全体を読まないのではないか、というのでありますが、私はそうではないと思っております。新約は全体で約二五〇章、毎主日に一章ずつ説教に取り上げたとしても五年かかるのです。旧約はおよそその三倍と考えますと、全体で合わせれば約一〇〇〇章（正確には旧約書九二九章、新約書二六〇章、計一一八九章：新共同訳の場合）です。ということになりますと、これ全部を一章ずつ取り上げていったとしても、二〇年近い年月を要する。しかも一回に一章ずつを取り上げる人はまずいないのです。そうしますと、もっと長くかかるということになります。そういうわけで、旧約聖書の説教を一度も聞いたことがないという人がありましても、それも別に不思議なことでもないということになるわけです。しかし古い教会暦、新しい教会暦もそうですけれども、古い教会暦では毎年同じペリコーペが出て来るので、説教がマンネリ化するのではないかという意見には一理あります。毎年同じ聖書の所を読むわけでありますから、そういたしますと前の年の同じ時期にした説教をもう一度やれば事済むという考えにならないわけでもないということであります。ただこのペリコーペというのは、四つ選ばれていて、詩編、旧約書、使徒書、福音書、この四個所から選ばれているわけです。それを用いて重点を移し替えるということになりますと、これは非常に豊富なものになっていくことになります。このため日本基督教団の新しい教会暦は、三年サイクル（現在は四年サイクル）になっていまして、先ほどのこととかみ合わせますと、機械的に言えば十二年間は異なったメッセージを語れることになる。これはまあ機械的に申したわけです。しかもこうすることによって、聖書の重要なことはほとんど網羅しているのです。聖書を連続講解的に取り上げる場合、一度用いられたテキストは二度と用いられることはまず無い、連続でずうっとやる場合です。しかしテキストはいくつかのポイントをもっておりますし、読む方向によって全く違った光を放つものです。従って、教会のペリコーペがサイクルであるということは、その点でも利点がある、ということになります。

さて、教会暦の成立には非常に長い年月がかかっております。誰かが一時にこういうものを作り上げたというわけではありません。次第にでき上がってきたものです。その背後にはユダヤの暦があります。教会暦はそれから大きな影響を受けております。それでユダヤの暦のことをお見せしたいと思います。

ユダヤの暦というのは、ユダヤではユダヤ暦というのを用いていますけれども一応太陰暦です。月の満ち欠けによってひと月が決まる。つまり新月から新月までがひと月ということになります。そしてまた月の数え方も違います。

例えて申しますと、政暦（今日のユダヤ教で用いられている暦。教暦・古代の農耕暦を〈　〉にて表示）の第一月は**ティシュリ**（Tishri〈エタニムの月〉、第7月：列王記上八2、西暦9～10月）と言いますけれど、これは第一月をそう呼ぶので、「いち月」という言い方はしません。これはティシュリの月と呼んでいるのです。そして第二月が**マルヘシュワン**（Marcheš̌wān〈ブルの月〉第8月：列王記上六38、西暦10～11月）、第三月は**キスレウ**（Kislew 第9月：ネヘミヤ記一1、西暦11～12月）、第四月は**テベテ**（T'ebheth〈テベトの月〉、第10月：エステル記二16、西暦12～1月）、第五月が**セバテ**（Shevat, Shvat〈シェバトの月〉、第11月：セカリヤ書一7、西暦1～2月）、第六月が**アダル**（Adar〈アダルの月〉、第12月：エズラ記六15、西暦2～3月）、第七月は**アビブ**（Nisan〈ニサンの月〉・ネヘミヤ記二1、Aviv〈アビブの月〉、第1月・出エジプト記一三4、西暦3～4月）、第八月は**イヤル**（Iyar Ziw〈ジウの月〉、第2月：列王記上六1、西暦4～5月）、第九月が**シワン**（Sivan〈シワンの月〉、第3月：エステル記八9、西暦5～6月）、第十月が**タンムズ**（Tammuz 第4月、西暦6～7月）、第十一月が**アブ**（Ab 第5月、西暦7～8月）、第十二月が**エルル**（Elul〈エルルの月〉、第6月：ネヘミヤ記六15、西暦8～9月）という順序になっています。それを太陽暦に合わせますと、大体太陰暦と太陽暦ですからぴったり合わないのです。けれども合わせますと、例えば第一月ティシュリと言われているのは太陽暦の大体十月、まあ九月下旬から十月下旬にかけてということになるでしょう。

なお太陰暦ですから、日本も古くは太陰暦を使っておりました。太陽暦でも少し日数に狂いが出てきますので、四年に一度閏《うるう》の日というのを入れなければならない、太陰暦で申しますと、どうしても二か月狂いが生じますので、それをどこかで閏《うるう》の月（Adar sheni, Second Adar）という形で入れなければならない、これは日本の太陰暦でも、それからユダヤ暦でも同じことです。

　内容をちょっと申しますと、一月はティシュリの一日から二日、これが「新年」でローシュ・ハシャナーと呼んでいます。

十日が「大贖罪日」ヨム・キプール（Yom Kippur, 写真、Maurycy Gottlieb, 1856～1879, ヨム・キプールの日にシナゴーグで祈るユダヤ人）と言いますが、この「大贖罪日」のことはレビ記一六章に書かれています。その日を守るということになっているわけです。十六日から二二日が「仮庵祭」スコット（Sukkot）、仮庵祭の最後の日が「律法の喜びの日」（律法歓喜祭、Simchat Torah）ということで、これは一年間にわたってシナゴーグの礼拝ではモーセ五書、つまり創世記から申命記までを、個所を決めてずうっと読むのです。そしてこの仮庵祭の最後の日に読み終わります。読み終わったということの喜びの日なのです。これが「律法の喜びの日」と呼ばれている時です。この時には、律法の巻物（次

頁写真）を抱えてシナゴーグの中で一晩中歌ったり踊ったりするといわれております。私もいつかこれを見たいと思っているのですけれども、なかなかそういう機会がありません。

　話を飛ばしまして大雑把に申しますが、ユダヤ暦の特徴というのはいわゆる三大祭、「過越祭」、「七週の祭」、そして「仮庵祭」、この三つの祭を中心に配置されているという点にあります。アビブの月の十五日から二一日が過越祭のペサハー（Passover）、それからシワンの六日が七週の祭シャヴォット（Shavuot 五旬節、ペンテコステ Pentecosta）、これが五旬祭に当たるわけです。で、仮庵祭と過越祭と五旬祭あるいは七週の祭、この三つを中心にいろいろなものが配置されています。

　それ以外の祭。ここに記されていますのは大体祭なのですが、「新年」と「大贖罪日」というのは聖書、旧約聖書の中に出てくるのですが、それ以外はいずれも起源は古くありません。ここに「神殿崩壊」というのがあります。ティシュアー・ベ＝アーヴ（Tisha B'Av 次頁写真、エルサレム崩壊、Francesco Hayez, 1791～1882）というのですが、この時は紀元前五八七年のバビロニアによるエルサレム陥落と神殿崩壊の日です。ちょうど私たちの暦で言えば八月の半ばです。これが決められたのがおそらく捕囚期以後だと思われます。

「プリムの祭」というのがあります。プリムの祭というのはエステルの祭です。捕囚後にバビロンに残った人たちがいまして、そしてバビロンからペルシアと時代が替わっていくわけですが、そのペルシアの支配の時代に王宮に召し入れられて王妃になったのがエステルです。このエステルがユダヤ人の危機を救うわけです。エステル記、大変美しい物語です。ぜひお読みいただくといいと思いますが、そのエステルによるユダヤ人の危急を免れたということを祝うのが、このプリムの祭ですから、これは捕囚期以後大分経ってからのものです。

「宮潔め」ハヌカー（Hanukkah）というのがあります。これはキリストの宮潔めとは直接の関係はありませんが、紀元前一六四年に、その当時シリアのアンティオコス・エピファネス（マカバイ記一、一9他）という王様が支配していたのですが、ユダヤ人に対する非常な迫害をし、ことに神殿の中に偶像を建てたりしたのです。それをユダ・マカバイ（マカバイ記一、二4他）あるいはユダス・マカベウスといっていますが、この人が叛乱を起こして一時ユダヤの独立を回復し、神殿を潔めたということを記念しているのです。これは、紀元前一六四年以後のものです。

イスラエル民族の三つの祭のことを言いましたが、これは元々収穫祭だったのです。それを出エジプトの出来事と結び付けました。

過越祭というのは元々は大麦の収穫祭でした。それを出エジプトの出来事、エジプトから出ます時に十の災いがあり、その最後の災いの時にイスラエル民族は羊を殺してその血をかもいと柱に塗って、そして戸を閉じて待っていて、自分たちはその羊の肉を食べながらいつでも出かけられる用意をしていた。エジプト人の家には神の使いが入って長子が全て殺され、イスラエル人の家は過ぎ越していったところから過越祭という名前が起こったわけです。そのことと結び付けました。

七週の祭というのは、小麦の収穫祭であったのですが、それをシナイ山における律法の授与と結び付けました。

仮庵祭というのは、本来はぶどうの収穫祭でした。ぶどうの収穫の時にはぶどう園に仮小屋を建てて、そこで見張り兼労働に従事する習慣があり、その小屋を荒野の旅に結び付けたわけです。天幕の中で生活をするということがあったわけですが、それを記念する。仮庵祭の時には庭あるいは屋上に仮小屋を建てて、この期間はそこで過ごすというようにしていたようです。

こういうふうに、その他の祭を合わせ見ますと、ユダヤ暦というのがイスラエル民族の歴史を一年かけて想起するようなものであったことが分かります。このことが教会暦の基本的な考え方になってくるのです。
一つ付け加えておきますのは、安息日シャバット（Sabbat）、サバス（Sabbath）とも言いますけれど、ユダヤ暦にとっては週の終わりの日であります。一週を七日とすることは非常に古くからありました。もっとも十日にしたり十二日にしたりするという習慣も他の国ではあったのですが、イスラエル民族はずっと古くから、一週を七日と捉えてまいりました。呼び方は今日のようなものではありません。週の第一日、つまり初めの日とかあるいは第二日という呼び方をしたのです。ローマ人の間で惑星週、今の七曜の暦の使用が始まりましたのは、紀元一世紀頃でありました。教会はまもなくこれを取り入れたと思われます。

使徒時代の教会は、ユダヤ暦に従って生活をしておりました。聖霊降臨日、聖霊降臨祭というのは五旬祭つまり七週の祭の日で、人々は五旬祭を祝うために集まっていたものと思われます。この日は、過越祭がいつも日曜日になるとは決まっていないのと同じように、この七週の祭、五旬祭もいつも日曜日になるとは決まってはいないのです。週の初めの日、つまり今の日曜日が主の日と呼ばれて集会が開かれるようになったのは何時《いつ》の頃からか、ということは分からないのです。先ほど読んでいただきました使徒言行録二〇章7節（「週の初めの日、わたしたちがパンを裂くために集まっていると……」）、そこに「週の初めの日」が「集まりの日」となったということを、これは示しているのです。ここが、使徒言行録の中に出てきます週の初めの日に集会がなされたということが記録として出てくる初めての箇所です。コリントの信徒への手紙一、一六章2節に、これは献金のことについて言っているところなのですが、「わたしがそちらに着いてから初めて募金が行われることのないように、週の初めの日にはいつも、各自収入に応じて、幾らかずつでも手もとに取って置きなさい。」ですから、週の初めの日に集まりがあって、その時に援助のための献金ですけれど、それを集めるようにしなさい。こういう指示であります。そういうところと合わせて考えますと、紀元五〇年頃にはもうこの「週の初めの日」に集まるという事柄が定着していたのだろうと思われます。福音書において、主イエスの復活と顕現に際して「週の初めの日」という言葉が頻繁に出てまいります。これは長年用いてきました安息日、ユダヤ人の最も重要な日とする安息日に代わって日曜日が集まりの日とされたのは、この日が主の復活の日であったということに基づく、ということを示しています。今まで長年の間ずっと、彼らは皆ユダヤ人でしたから安息日を守って生活をしていたのですが、それをガラッと変えてしまうということは容易なことではありません。それを敢えて「週の初めの日」こそ自分たちの集まりをするにふさわしい日であると考えることができたのは、これが「主の復活の日」であったからだということになります。従って初代の教会の人々に取りましては、主日というのは復活日であり、従って主日の礼拝は小復活祭であったわけです。

こういうことを背景にいたしまして、教会暦として最初に祝われるようになりましたのは復活祭であったということは容易に想像のつくところです。それに聖霊降臨祭が続きます。ついでながら申しておきますが、ペンテコステというのはギリシア語で「第五十」という意味の言葉ですから、それを翻訳いたしますと五旬祭となるわけです。ところがペンテコステが聖霊降臨の意味になってしまったような感があります。ですから古い教会ではペンテコステという言葉は使いません。聖霊降臨祭という言葉を使っております。

ところで、この「復活祭」というのは最初から今日のような形で祝われたのではありませんでした。東方教会ではユダヤ教の過越祭をそのままにアビブの月の十四日、これを復活祭としたのです。アビブの月、私共の暦ですと四月ですが、この日、過越祭の時を「主の復活の日」といたしました。これに対して西方教会、後のローマ・カトリック教会ですけれども、ローマ教会は、日曜日こそ復活祭とすべきだと主張いたしました。というのは主の復活は週の初めの日だったわけですから、今日でいえば日曜日なので、日曜日こそ復活祭とすべきだと主張いたしまして論争が続きました。紀元三二五年のニカイア会議で正式に「全教会で復活祭を同じ日曜日に祝うこと」を決議しました。その後、「春分後の最初の満月の日の次の日曜日」と決定していったのです。「月」が関係するものですからそのようになったわけです。春分というのは大体太陽の動きのことですから、ちょっと合わないのです。それで「春分後の最初の満月の日の次の日曜日」となりました。それでも太陰暦が若干入っているものですから、復活祭は三月下旬から四月下旬までの間を年によって移動いたします（三月二二日から四月二五日までに復活祭は行われる）。今年度は一九九六年四月から一九九七年三月までには復活祭が二度あることになっております、こういうふうに移動いたします（二〇一一年度も四月八日と三月三一日）。もちろん今ではずっと先まで、何年の復活祭は何月何日と算定することが可能でありますので、何年先のものでも、何年の復活祭はいつです、ということができることになっております。しかし不便ではあります。不便は不便なので、これを固定しようという考えが起こりました。最近です。そして四月の第二土曜日の次の日曜日という案が出ました。賛成が多かったのですが実現しませんで、今日もまだこの復活祭は移動するのです。毎年日が変わるというようになっております。

復活祭が決定されれば「聖霊降臨祭」は自動的に決定します。つまりそれから五十日目ということです。私たちが用いているのは太陽暦ですから復活祭同様、この聖霊降臨祭も移動祝日ということになります。このことに「降誕祭」が加わりました。しかし主の降誕の日については聖書の何処にも日付がないのです。従って歴史的にはいろいろな時に守られ、ある時期は四月、ある時期は八月に祝われたという記録もあります。降誕祭が祝われるようになったのは三世紀の初めの頃からと推定されているのですが、十二月二五日に祝われた最古の記録というのは、紀元三三六年のものです（ローマの行事を表している「フィロカルスの暦 Philocalian Calendar」に見いだされる：『キリスト教大事典』より）。この日に降誕祭が決められたのは、その頃行われていたローマの冬至祭、つまり冬至というのは夜が一番

長く昼が一番短い。その日から今度は昼がだんだん長くなっていく。ことに北欧の国々では昼の短い時がずっと長く続くものですから、光というのはとても尊いのです。それでそういう祭が盛んに行われたようです。これを太陽の誕生の祭と呼んでいるのですが、それと対抗して義の太陽の出現を祝うためであったと考えられています。エホバの証人の人たちは、クリスマスを祝わないです。あれは異教の祭だとその人たちが言うのは、そういう理由に基づいております。しかし、「まことの光があって、世にきた」（ヨハネ一9：口語訳）という点から言いますと、これはまことにふさわしい日として選ばれたのではなかっただろうかと思われます。

　この十二月二五日に降誕祭を祝うということは、おそらくローマから広まったものと思いますが、しかし東方教会は三世紀頃から一月六日を顕現日（エピファニー Epiphany）——顕現というのは現れという意味です——として祝っていました。これは異邦世界への救い主の現れということを祝うものだったのですが、四世紀の初め頃に東方教会はこの日を降誕祭にしてしまったのです。おそらく降誕祭がだんだんと祝われるようになり、そちらの方が重要視されてきたからだろうと思います。四世紀の後半に東方教会と西方教会とは話し合いまして、十二月二五日を降誕祭、一月六日を顕現祭とすることに決まりました。両方生かそうとすることになったわけです。こうして顕現祭は、東方の博士たちがキリストの誕生を祝いに来訪したことを記念する日になりました（前頁写真、東方三博士の礼拝、フラ・アンジェリカ Fra Angelico, 1387～1455）。全てのクリスマスの飾りはこの日まで置いておいて、この日が終わってから片付けるという習わしができ、一種のクリスマスの祝いでの最終日が一月六日と捉えられていたということです。余談になりますが、この「東からきた博士たち」口語訳ではそうなっておりますが、新共同訳では「占星術の学者たち」と訳しております。間違いではないのです。しかし私はせめて「天文学者たち」として欲しかったと思っているのです。占星術では何だかあんまり安っぽくなります。決して星占いだけをやっていたわけではありません。この人たちが天文の研究をしまして、星の運行という事柄が初めて明らかになってきましたので、そういうことに基づいていろいろな個人の運命や、あるいは世界の事柄を占うということに発展していったのですから、占星術の学者たちと呼ばれることは、彼らの本意ではないのではないかと思っています。

さて、キリスト教におけるこの三つの祝祭、ユダヤ暦でも三つの祝祭があったのですが、キリスト教においてもこの三つの祝祭、復活祭、聖霊降臨祭、降誕祭が確定するとその祝祭のための待望と準備のための期節、——この期節は期間の期と書きます、普通の季節の季は使いません——そしてその祝祭の後に続く需要と展開のための感謝の期節というものが必要とされました。今は、伝統的な教会暦の例で申しますが、降誕祭の前には待降節（アドヴェント Advent）、そして後には降誕節、それから復活祭の前には受難節（レント Lent）、後には復活節、聖霊降臨祭には前節というのはないのですが、復活節の前半は復活祭の展開となり、後半は聖霊降臨祭へと向けられております。そして聖霊降臨の後に聖霊降臨節というのが続きます。こういうふうにして見ますと、待降節から聖霊降臨祭までほぼ半年、大体五か月ちょっとになるのですが、そして聖霊降臨祭からアドヴェントの前まで半年、六か月ちょっとになります。そこでこの前者つまり待降節から聖霊降臨祭までを〝主《しゅ》の半年《はんねん》〟と呼びまして、主イエスの生涯を学ぶということになり、後者、聖霊降臨祭からアドヴェントまでを〝教会の半年《はんねん》〟と呼びまして、聖霊による教会の歩みを学ぶということになりました。この〝教会の半年〟というのを伝統的な教会暦では三位一体節と呼んでいるのですが、聖霊降臨によって三位一体ということが現実のものとなりましたので、聖霊降臨祭の次の主日を三位一体祭と呼んだからであります。

しかし、プロテスタント教会ではこの日を祝うことはほとんどありませんので、新しい教会暦では先ほどのように聖霊降臨節と呼ぶようになりました。〝主の半年〟は主題がはっきりしていますが、〝教会の半年〟はあまり明確ではありません。そこでこの期節には聖霊の働きである「使徒の新生」、新しく生まれるということ、それから「共同体の働き」、そしてその中における「生活の在り方」などに焦点が当てられております。もう一つ、伝統的な教会暦と新しい教会暦の大きな違いは、伝統的な教会暦では降誕祭の準備の期節はアドヴェントの四主日だけでしたが、それを九主日としまして、天地創造から読み始めるようにしたことです。このようにして旧約から新約までを貫く神の救いの歴史の中に全体を置く、というふうになったのです。

こうした教会暦の大枠の中に、いろいろな日が織り込まれました。〝主の半年〟で申しますと、命名日とか、あるいは変貌祝日とか、そのようなものが加わるようになりましたが、私たちはあまりそのことに重点を置いてはいません。〝教会の半年〟のほうでは、いろいろな行事がそこに織り込まれるようになっているわけです。カトリックや聖公会は諸聖徒の記念日をいろいろな形で定めました。ことにカトリック教会ではほとんど毎日が誰かの記念日になっているのですが、私たちにはあまり関心がありません。

教会はまたこの期節の意味を色で表す典礼色というものを定めました。私たちの教会ではほとんど用いていないと思いますが、説教台や聖餐卓、あるいは聖書卓を置いてある所では、そこに掛ける布の色です。あるいは牧師が首に掛けるストール、そういうものの色を決めたわけです。例えて申しますと、アドヴェントは紫、紫は大体懺悔の色です。それから降誕祭に始まる降誕節は白、白は勝利とか歓喜とか喜びを表す色です。受難節は紫、復活祭と復活節は白、そして聖霊降臨祭は赤、聖霊降臨節、長い期節ですけれどもここは緑と定めたわけです。ふつうに掛け替えないで用いている所は、緑かあるいはえんじのものを年間を通して用いているようです。たった一日黒を使う日があるのです。何でしょうか？　「聖金曜日」つまりキリストの受難の日です。この日だけは黒を用いると決められてい

4教派　祭色対照表　http://homepage3.nifty.com/yagitani/kurihon_kuriron06.htm

るのです。まあ、なかなかこういうふうに考えますと、色で表すというのはある意味では深い考えだなと思います。

教会暦は非常に長い年月を掛けて教会が編み出してきたもので、教会の礼拝と信徒の教会生活を整えるということのためです。教会暦はカトリック的だという人もいるのですが、そうではありません。ルター派を始め、西洋の諸教会では古くからこれを用いております。そしてこの前も申しましたように、バッハなどは教会暦による主日の主題に合わせて奏楽曲を作曲する。場合によっては即興で弾くということをしました。そういうようなところにも主日の主題というものは生きていたということが言えます。

従って、教会暦は非常に礼拝を整え、またそこで私たちが何に目を向けなければならないかということを明確にすると共に、非常にある意味で教育的であるということができるのではないかと思っております。そしてこのことによって私共の生活、信仰生活というものもまた整えられていくことになるのではないだろうか。フィリピの信徒への手紙一章27節以下を見ていただきたいと思います。

「ひたすらキリストの福音にふさわしい生活を送りなさい。そうすれば、そちらに行ってあなたがたに会うにしても、離れているにしても、わたしは次のことを聞けるでしょう。あなたがたは一つの霊によってしっかり立ち、心を合わせて福音の信仰のために共に戦っており、どんなことがあっても、反対者たちに脅されてたじろぐことはないのだと。」

このところに「キリストの福音にふさわしい生活を送り」、と書いてあるのですが、この生活と訳されている言葉はただ単なる生活ではありませんで、市民生活ということを意味する言葉です。山谷省吾先生は、新約学者でしたけれど、この方はここの所を、「キリストの福音にふさわしく教会生活をしなさい」と訳しています（「キリストの福音にふさわしい（市民として）生活をしなさい」：岩波版）。ちょっと、言い過ぎかなあという感じもしないわけではありませんが、パウロがここで生活ということを言いましたのは、ただ単なる個人的な生活のことではありません。それは共同体の中での生活ということになります。そのことを思いますと、この教会暦というものは、そういう共同体の中でキリストの福音にふさわしい生活をするということにも、大変おおきな意味をもっているのではないだろうか、と思っています。

お祈りをいたします。

天にいます父なる神さま。

この時を与えられまして感謝いたします。私共が神の家においてどのように生きていくべきか、主は何を望んでおられるのかを深く覚えずにはおられませんが、そのことのために私共がよい導きを様々な事柄を通して受けることができますようにしてください。

そしてどうか、そのことの中でいっそうあなたの救いの歴史とキリストの御業とを覚えることができるようにとしてください。

どうかこの集まりもまた、そのことのために良い時であるように。ことにHさん御一家に上よりの祝福を豊かに注いでください。

御名によって祈ります。　アーメン

（一九九六・十二・十三　南沢集会）

6 教派

エフェソの信徒への手紙四章1～6節

教派

そこで、主に結ばれて囚人となっているわたしはあなたがたに勧めます。神から招かれたのですから、その招きにふさわしく歩み、一切高ぶることなく、柔和で、寛容の心を持ちなさい。愛をもって互いに忍耐し、平和のきずなで結ばれて、霊による一致を保つように努めなさい。体は一つ、霊は一つです。それは、あなたがたが、一つの希望にあずかるようにと招かれているのと同じです。主は一人、信仰は一つ、洗礼は一つ、すべてのものの父である神は唯一であって、すべてのものの上にあり、すべてのものを通して働き、すべてのものの内におられます。(エフェソの信徒への手紙四章1～6節)

この前「教会」(『**豊かな礼拝を願って**　主の栄光へ向かう群れ』ヨベル、二〇〇四年所収)ということについてお話をいたしました。教会のことを申し上げると「教派」ということもちょっとお話をしておきたいと思いました。

多分皆さんも、非常にたくさんキリスト教の教派というのがあると、どうしてこんなに教派があるのか、とお考えになったことがあったと思います。私もどれくらい教派があるのかよく分かりませんが、『キリスト教年鑑』で教派と呼ばれている、多少大きな教派ですが、それを数えてみますと七〇いくつかあります。もちろん日本に来ている教派でして、他にもいろいろ教派はありますので、それを合わせればもっとたくさんになると思います。その他に単立の教会があります。つまり、ある教派・教団には属していない教会です。この教会は一体どういうふうに考えるべきなのか、これは八〇〇位あるのですが、それも一つ一つ教派であると考えると、日本にあるだけでも一、〇〇〇近いというようなことになるようです。ですから世界中ということになりますと、もっとたくさんあるということになるでしょうか。

そういう教派というのは何か。岩波の『国語辞典』を見てみますと、「同じ宗教の中での分派、宗派」と書いてありました。キリスト教会内では、特にプロテスタント教会内での教派について用いられているのです。しかし私はもう少し広く理解をしたいと思います。つまりカトリックとか正教会とかも含めまして、それも「教派」と理解をしたいと思っております。

「教派」というのはキリスト教だけの現象ではありません。仏教では教派とは呼びませんが宗派と呼んでおります。これもキリスト教の教派と同じような性格のように思います。それぞれの宗派はお互いにあまり関連がありません。それから中心にしている教理というものも違っております。そういうわけですから、これも仏教内の教派というふうに呼んでもいいのかなと思います。

カトリック教会の方は一枚岩のようですが、そこには修道会というのがありまして、これは法王庁から修道会の設立というのを認めてもらわないと修道会にはなれないのです。修道会によっていろいろとやり方の違いというものがありまして特色があります。これはちょっと教派というのとは違うかも知れないとは思いますが、独立した組織をそれぞれに持っているのです。

教派の歴史というものは非常に古く、キリスト教の成立後まもなく起こったというふうに考えられております。キリスト教自体もその初期の頃はユダヤ教内の一教派と捉えられていました。使徒言行録一一章26節を見ますと、途中からになりますが、「……このアンティオキアで、弟子たちが初めてキリスト者と呼ばれるようになったのである」ということが出てまいります。このキリスト者、原文ではクリスティアノス（Christianos）という言葉ですが、これは「キリスト派の者」という意味です。ですから私たちが普通に言っているキリスト者、あるいはクリスチャンという言葉と多少意味合いが違う、と言えるでしょう。つまり、一般的にはユダヤ教内の一教派と見られていたのかも知れないと思います。使徒言行録を見ますと、初期のクリスチャンたちはユダヤ教の会堂に出入りをいたしまして、そこで礼拝を一緒に守っています。伝道もその会堂内でなされたことが書いてありますから、そうだというふうにも思われます。皆さんご存知のイザヤ・ベンダサンという、『日本人とユダヤ人』（山本書店、一九七一年）を書きました著者、誰かは分かりません。「キリスト教はユダヤ教のキリスト派であってそれ以外ではない」と言っているのですが、これは今いったような意味から申しますと理由のないことではありません。

しかしキリスト者はこの時期から自分たちの信仰の立場というものを自覚し始めまして、まもなくユダヤ教の共同体、つまりシナゴーグを中心とする共同体、――シナゴーグというのは礼拝する場所という意味だけではありません。これはユダヤ人の共同体という事柄を意味しております――その共同体から離れたのですから、今もってキリスト教はユダヤ教のキリスト派のようにいうのは正しいことではありません。

キリスト教会内で「教派」というのがいつ起こったのかという事柄は分からないのですが、パウロがコリントの信徒への手紙一の一章12節でこういうことを言っています。「あなたがたはめいめい、『わたしはパウロにつく』『わたしはアポロに』『わたしはケファに』『わたしはキリストに』などと言い合っているとのことです。キリストは幾つにも分けられてしまったのですか。パウロがあなたがたのために十字架につけられたのですか。あなたがたはパウロの名によって洗礼を受けたのですか」と言っております。こういうふうに言っているのは「教派」というものに分裂する兆候ということを示しているのかも知れないと思われます。もちろんパウロはこのところではそんなことはあってはならないと、そんなことを言えるはずがないと言っているのです。

教派の発生ということは新約聖書の諸文書の成立という事柄と関わっております。つまり初期のキリスト教会は新約聖書を持っていなかったのです。旧約聖書はありましたけれども、新約聖書を手にしておりませんでした。従って、そこで述べ伝えられていた事柄というものは、聖書に基づいてということではなかったのです。そうではなくて、自分たちが見聞きしたこと、そのことに基づいて福音が述べ伝えられた、というような形でありました。

パウロは、コリントの信徒への手紙一の一章でも言っていますように、教派の成立ということは望まなかったようですけれども、現実にはパウロの影響下にある諸教会というのが存在したようです。つまりパウロの書簡を見ますと、宛先の教会というのがありまして、そしてそれはわりに限定されているのです。その他にも教会があったということは、もう疑いのないところですけれども、パウロのそれらの書簡を回し読みをした教会があったと思われます。

また、マタイによる福音書を生み出したのはエルサレム教団、教団というのは私もちょっと引っかかるのですが、エルサレム教会と言ってもうまく伝わりませんので、仕方がありませんから教団と呼んでおきます。そのエルサレムの教会が中心になっている諸教会です。そういうエルサレム教団が存在していたかどうかということは明らかではありません。しかし、一つの文書が生まれるという事柄は、決して一人の人が思いついて書いて出版したということではあり得ないのです。ですからその背後には教会というものがあった。そしてその中から一つの文書というものが生まれてきた、ということが言えます。

ヨハネ文書、これはヨハネによる福音書とヨハネの手紙、――ヨハネの黙示録というのがありますけれども、それは別です――このヨハネ文書、つまりヨハネによる福音書とヨハネの手紙を生み出したヨハネ教団、これは仮の名前です、ヨハネの名前が付いた文書を生み出したものですから、それをヨハネ教団と仮に呼んでいるのです。けれども、そういう教団の存在というものは、ほぼ確かだと考えられています。そういう教団が自分たちに伝えられたもの、それをまとめた。そういう形でヨハネによる福音書ができてきたわけです。

ヨハネによる福音書を読んでみますと、主イエスに愛された弟子、どうもそれはヨハネを暗示しているように見えるのですが、その人が書いたようになっていますが、そうではなくておそらく一つの教団がこういう言い伝え、伝承を受けて、それを基にして福音書にまとめた、と言えると思います。ヨハネ――十二弟子の一人のヨハネ――は、エフェソを中心にして活動したと考えられておりますので、このヨハネ教団はエフェソを中心とするアジア州、つまり現在の小アジア地方にあったと思われます。

やがて初期の諸文書が新約聖書として結集されるということが次第に確定してまいりますと共に、教義も次第に明確になり、そのもとに教会は統一されていくことになります。つまり、それまでは教会の中でもいろいろのことが取り上げられたのです。大変興味深い例は、使徒言行録の中にアポロという伝道者が出てまいります。アポロはパウロからもかなり信頼されていたようです。先ほどのコリントの信徒への手紙一の一章にもアポロの名前が出てきていたわけですが、使徒言行録を見ますと、

アポロは聖書に精通していたけれどもヨハネの洗礼しか知らなかった（一八25「彼は主の道を受け入れており、イエスのことについて熱心に語り、正確に教えていたが、ヨハネの洗礼しか知らなかった」）と書いてあるのです。ですから彼から洗礼を受けた人は「聖霊なるものは聞いたことがない」（一九2参照）と言っているところがあります。そういうわけですから、初期の教会の中には必ずしも一致した教義というものがまだなかった、というふうに言えそうです。

しかしこういう形で新約聖書というものが結集される。――新約聖書が結集されましたのは一番最初の文書、記録として出てくるのは大体一五〇年くらい、つまり二世紀の半ば頃です――でもはっきりと決まったのはもっとずっと後のことなのです。でもその頃から、これは私たちの信頼すべき文書であるということがだんだん言われるようになりました。そういたしますと教義も次第に明確になりますし、教会というものがそのもとに統一されるということになるわけです。それと同時に、正統的な信仰の立場に立たないものは異端として排除されたのです。従って、教派という形で成立するということはなかったのです。こういうような状況には、紀元三一三年コンスタンティヌス皇帝（写真、Gaius Flavius Valerius Constantinus, 272～337）がキリスト教を公認するまで、ローマ帝国による断続的なキリスト教迫害ということが影響を与えたということもあったと思います。まあ、およそ組織的な迫害というのは二世紀の後半にならないと起こらないのですが、それがありましてからずっと二五〇年ほどに渡って迫害の歴史が続きます。

この頃までローマが帝国の首都でありましたので、ローマの教会がキリスト教全体の主導権を握っておりました。しかし東の方の教会、東の方というのは後にはコンスタンティノープルというのが中心になるのですけれども、そのころはまだコンスタンティノープルは都ではありませんでしたので、東の方というのは現在の小アジア地方です。その地域の教会、東方の諸教会というものはなかなかこのローマ教会の主導には従わなかったのです。

皇帝コンスタンティヌスは国家の統一は教会の統一にあると考え、三二五年ニケアに総会議を招集しました。「ニケア信条」（原ニケア信条とも言われ、三八一年に定められたニケア・コンスタンティノポリス信条がニケア信条と言われる）が採択された。つまりキリスト教の信仰の内容とはこういうものだということが文書で明確にされたわけです。これは前に「使徒信条」（前掲書『主の栄光へ向かう群れ』所収）のことをちょっとお話しいたしました時に、幾らか申し上げたと思います。

三三〇年にコンスタンティヌスはコンスタンティノポリス、現在のイスタンブールに都を移しまし

日本基督教団改革長老教会協議会ホームページにニケア信条、ニケア・コンスタンティノポリス信条、カルケドン信条等の翻訳が掲載されております。http://www.kaichokyo.jp/　＊本稿巻末に信条全文掲載（許諾済）。

た。そしてそこで東方諸教会は力を増してローマ教会を凌ぐようになります。四五一年にカルケドンで再び会議が開かれまして、ニケア会議信条が再確認され「ニケア・カルケドン信条」、つまりニケア信条に幾らか加えたものが採択されました。この時に東方教会は、西方教会と同等の権威というものを主張したのですが、入れられませんでした。また当時ローマ、コンスタンティノポリスと並んで勢力を持っていたアレクサンドリアは、異端として退けられました。そこでコプト教会が設立されます。同じく異端とされたネストリウス派（Nestorians）は、ペルシアに教会を設立いたしました。これが正確な意味での教派の成立ということになります。

何故、教派ができたのか。いろいろ理由があるのですが、先ほど申しましたように第一に言える事柄は、教義の違いです。教理と言ってもよいと思います。別の言葉で言えば、聖書理解の違いです。先ほど新約聖書の成立という事柄によって、信仰の内容についても明確になってくるし、そのもとに教会が統一されることになったと申しましたけれども、そういう聖書についての理解の違いという事柄が現れてまいります。教理の違いと言ってもよいと思います。

第二番目の事柄は、信仰の表現の違いということです。これはまた後で申し上げますが、東西両教会の分裂というのは、性格には一〇五四年というかなり遅い時期です。けれどもその背景には〝画像論争〟があります。東方教会ではこれを「イコン」と呼んでおります。「イコン」（写真）はギリシア語で「画像」という意味です。大体東方教会では板に絵を描いたものです。主に聖母子像とかキリストの像、あるいは三位一体を表す象徴、そういうようなものなのですが、東方教会では今でも重んじられております。それを会堂の中にいっぱい飾るのですが、それだけではなく各家庭でもイコンを用いる、それを礼拝するということが行われまして、このことに対してローマ教会の中から非常な反発がありました。そしてそれを廃止しようということがいろいろあり、それに政治の問題も絡んでまいりました。そんなことが一つきっかけになり。つまり信仰の表現の仕方、それが違うのです。もっともカトリック教会でも後にはキリストの像、あるいはマリアの像というものが立てられるようになりまして、今考えますとどっちもどっちと言いたいような気持ちもするのです。しかしイスラエルに行ってみますと、ことにエルサレムの大事な所にはほとんどカトリック教会と東方教会の教会がありま

す。聖墳墓教会というのは同じ建物の中にカトリックの礼拝堂と東方教会の礼拝堂とがあるのです。それを見るとカトリックの教会よりも東方教会の祭壇の方がゴテゴテしているのが事実であります。

そういうところにも表れておりますが、西方教会は組織的、また理論的であります。一つにはカトリック教会の組織というものが出来てきましたし、またもう一方においてはカトリック

神学、よくスコラ学と呼ばれておりますが、そういうものが成立してくることになったわけです。これに対して東方教会というのは非常に神秘主義的であり、またある意味においては瞑想的でもあります。そういう形でも信仰の表現というものが違います。そういうことがいろいろなところに影響を与え、礼典であるとか、あるいは礼拝の仕方であるとか、そのようなものに現れてくるということになるわけです。

これは、例として申し上げておきたいと思います。私たちが礼拝に使う「主の祈り」、誰が言っても同じように思うのですが、聖公会やカトリックでもそうだと思いますけれども、唱え方が非常に違うのです。わたしも何回か聞いただけですが、感情を込めてはいけない。つまり感情というのは人間のものですからそれを出してはいけない。そういうふうに申します。それでできるだけ感情を取り去って唱えること、それが礼拝だと考えているようです。しかし私共はなかなかそんなふうにはなれない、あれでは心がこもっていないのではないか、というような感じがしてしまうのです。

あるいはまた、雰囲気などもいろいろ違います。私共がホーリネス系の教会に行きますと、大変びっくりするということになると思います。私は神学校を出て間もなく、札幌に行きました時に超教派の集まりがあり、ホーリネスの人たちと一緒になりました。そして祈祷会を一緒にするのですが、向こうの人もびっくりしましたが、こっちもびっくりしました。ホーリネスの方は祈祷の間に「ハレルヤ」とか「アーメン」とか言われるのです。中には「主よ、そうです」などと言う人もいたりしまして、合いの手がにぎにぎしいわけです。向こうの方から見ますと私たちの祈祷会というのは、まるでお通夜みたいだと。でも何回か重ねていますうちに、私たちもそういう祈祷会もやはり意味がある、いいものだなあと思うようになり、向こうの人たちも私たちの祈祷会というのも、あれはやはりいいところがあると感ずるようになりました。そういう意味で、信仰の表現の仕方が違うということが言えるでしょう。

第三番目は教会組織の違いというものです。際立ったものは第一に、「司教制」、あるいは「主教制」というものです。その司教の上にカトリックでは教皇がいるわけです。その下に大司教というのがあり、その大司教座というのが世界のあちらこちらに置かれております。呼び方が司教と主教とちょっと違いますが、カトリック教会、東方教会――今日では正教会と呼ばれております――、聖公会があります。聖公会というのは今では自分たちはプロテスタントだと言っているのですが、しかしこの聖公会の公というのはカトリックという意味です。ですから聖なるカトリック教会というのが聖公会という言葉の元々の意味です。聖公会はそういう意味では非常に組織的にカトリックに近いのです。そういうところがこういうような司教制あるいは主教制、つまり大司教、大主教がおり、その下に司教、主教、その下に司祭であるとか助祭であるとかいう人たちがいるということになっていきます。

第二は「監督制」ということです。実はこの監督という言葉は、新約聖書の中にも出てくるのです。

しかし今日監督と言っているのとは多少意味合いが違います。この監督は、ある意味ではカトリックや聖公会の司教あるいは主教というのと同じような役割を受け持ちます。ある地域の諸教会を指導する権限を持っている人です。従ってこの監督制の場合には牧師というのは監督が任命をするという形になります。大体この監督制というのを取っている教会はメソジスト教会です。メソジストから分かれてきた教会は大体監督制を取っています。

第三は「長老制」という立場です。この長老というのも新約聖書の中に出てまいります。しかしその時の長老と今日言っている長老とはかなり違います。この長老制の特徴というのは、教会の中で役員が長老と呼ばれるだけでなく、長老に選ばれた人は終身長老です。長老を選びますのは長老会が選びます。決して私たちが今日役員選挙というような形でやっているような形ではありません。長老会が長老を選んで、それを教会に提示する。そして一度長老に選ばれますとその人は終身長老で、その長老会が教会全体をリードする、指導する、というふうになっています。従って牧師も長老、これは説教長老、会計は会計長老、それから他の人たちは治会長老というふうに呼ばれております。ただ今日は、一人の人が長く、終身長老ですからその方が亡くなるまでずっと長老を続けるということになりますと、教会がなかなか思うようにいきませんので、長老を少し数多く作りまして、そして現職と休職というふうに選んでいるようです。そして毎年長老の中から選挙をして現職の長老を決める。それに選ばれなかった人は休職。つまり一時長老の任務はしない。でも長老であることに変わりはないというような形を取っております。私がある長老制の教会に行きましたら、掲示板に紙が貼ってありまして、総会が開かれ長老選挙があるようで、「私は老齢につき現職に選ばないで欲しい」と書いてありました。

もう一つ第四は「会衆制」というものです。この会衆制というのは教会の会衆全員が総会の議員であり、その教会総会が教会の最高の役割を果たしているという形です。従って役員がその中から選ばれますが、しかし役員は任期を決めたりして会衆の中から選ばれるという形になっています。(会衆派教会《かいしゅうはきょうかい》 Congregational Church は、キリスト教のプロテスタントの一教派で、他に会衆派、組合教会ともよばれる。)

今日の日本キリスト教団は、この監督制と長老制と会衆制との教会が全部入り交じっていますので、それぞれの伝統に従って、あるいはそれぞれの考え方に従っておられるという形になっています。

また教会の違いというものについては、告白教会と非告白教会というのがあります。告白教会といいますのは、その教派独自の信仰告白を持っているという教会です。それを主日礼拝毎に告白するという形のものです。非告白教会というのは、そういうような信仰告白というものを持たない、もちろん教義の大要のようなものはありまして、それによってゆるやかに結合しているのですが、しかし信仰告白をするということを常々やるということをしない、そういう伝統的な教会です。後で申します

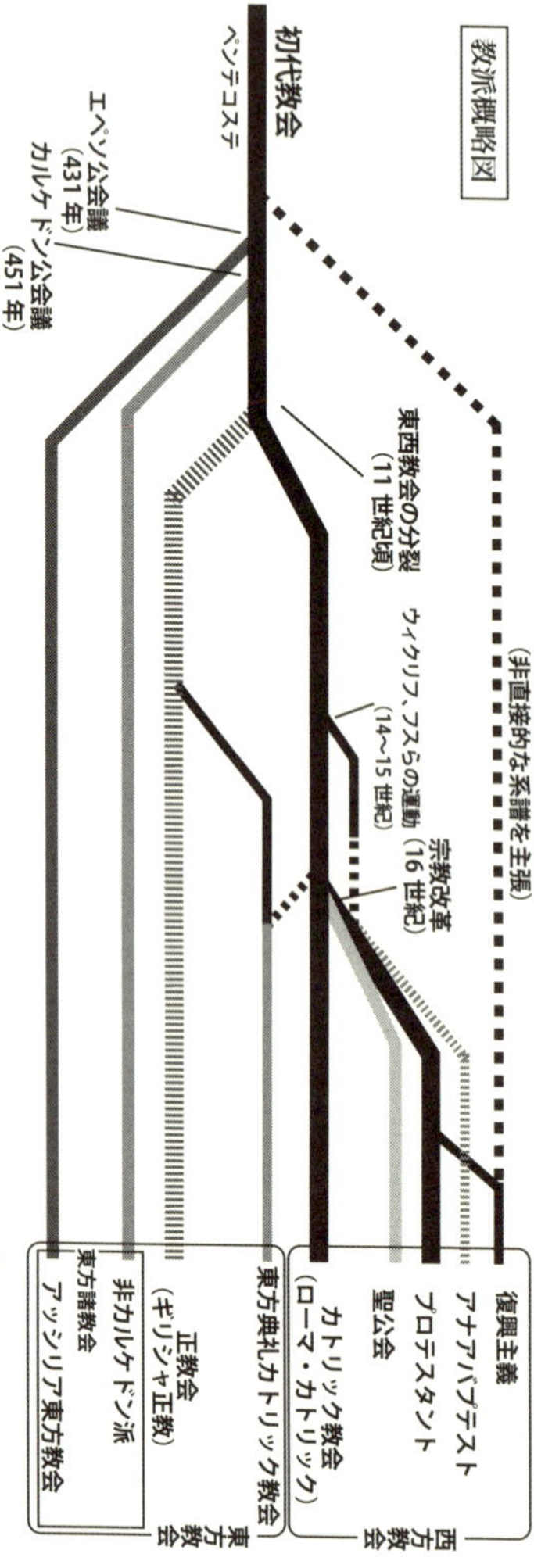

概略図：「http://ja.wikipedia.org/wiki/キリスト教諸教派」の一覧を参考に書きおこしたもの。

が、長老制の教会はほぼ告白教会で、それぞれ教会が信仰告白を持っております。独自のものを持っておりまして、その信仰告白のもとに教会として結集されているという形を取っています。非告白教会は、会衆派、日本では組合派と言われておりましたけれども、その教会、あるいはバプテスト教会がこの非告白教会になります。私が幼い頃に育ったのは組合派の教会でした。そこでは信仰告白をしたことは一度もありませんでした。使徒信条でさえ唱えることはなかったのです。

教団は、こういうような教会がみんな一緒になってできたものですから、成立の当時信仰告白を制定することができませんでした。教義の大要というのはあったのですが、それだけでした。後に信仰告白のない教会は教会ではないというので、旧日キ系の教会がたくさん離脱しました。教団から出てしまったのです。そこで教団も信仰告白を制定する必要を感じまして、今日の信仰告白ができたというわけです。

そういうことを少し申し上げて、表を作ってみました。これはある所から材料を得て、それを私なりに少し変えて書いたものですから、私の理解ということで、他の方とはまた違ったものかも知れないと思います。（概略図は新たに参考図を元に作製したものです）

一番左の端にペンテコステと書いてありますが、つまり聖霊降臨日に教会が成立したということを表しています。それ以来ずっと、先ほども申しましたように、いろいろな問題を含みつつ教会は歩みを進めてまいりました。

そして四五一年、カルケドンで教会会議があった年。この年に北アフリカの教会、アレキサンドリアの教会が異端という宣告を受けたものですから、今までの教会の流れ、つまりローマを中心とした教会の流れから分かれて、コプト教会という北アフリカの教会を立てることになりました。今もコプト教会というのは残っており、その中で今一番中心になっているのはエチオピアです。つい最近、非常に大事なキリスト教の契約の箱がこのコプト教会の中にあるのではないかと、テレビで放送してい

ました。本当かどうか未だ発見されておりませんので、正確なところは分かりません。しかしこのコプト教会というのは紀元三〇〇年、四世紀の頃には成立をしておりました。非常に古いものです。使徒言行録八章に出てきますエチオピアの女王カンダケの高官であった宦官《かんがん》が、伝道者のフィリポから洗礼を受けます。彼はエチオピアに帰ってから伝道者になったと伝えられていて、ある人は、自分たちの教会はあのフィリポから洗礼を受けた宦官から始まったのだと言っているようであります。（写真、アスワン〈エジプト〉に在る、コプト正教会の聖ミカエル大聖堂の内観。正面に見えるのは東方正教会とほとんど同様のイコノスタシス。）

さらにその時にネストリウス派が異端として排除されましたので、ネストリウス派はペルシアに移り、そこで教会を建設いたします。このネストリウス派は伝道熱心で、東へ東へと伝道をしまして中国にまでまいります。中国ではこれを大秦景教《たいしんけいきょう》（次頁写真、唐の時代、長安に存在した大秦寺）と呼んでおります。今日、この景教の名残は現実にはありません。けれども古い景教の寺院というと少しおかしいのですが、跡が残っているのです。そしてこの景教から仏教の浄土宗、あるいは浄土真宗が影響を受けております。法然という人は中国に行って勉強したのですが、そこでおそらく景教に触れた。そういうところからそれまでの仏教とは違った形のものが始まったと言われております。また空海もこの中国で景教に触れたらしいということが言われております。

　そして先ほど申しましたように一〇五四年、この時に東方教会と西方教会、つまりローマ教会とが分かれるということになります。その後も両方の教会の一致を図ろうという試みもあったのですが、ついに果たせませんでした。この西方教会が後のローマ・カトリック教会になっていくわけです。東方教会の方は、正教会と呼ばれております。ギリシア正教会、ロシア正教会、ロシア正教会のことはハリストス正教会というように今日呼んでおります。それから東欧の国々、ルーマニア、ブルガリア、セルビア、アルバニア、そういう所にそれぞれ独立した正教会があり、これらのものはそれぞれ正教会の連合体のようなものを組織して互いに連絡を取り合っているようです。日本ではロシア正教会つまりハリストス正教会が入って来ましてて、一番初めに入って来たのは函館です。函館から東京に来まして、今の神田のニコライ堂がそのハリストス正教会です。

　そして、一五二一年に福音主義教会がカトリック教会から分かれました。これはご承知のようにルターの宗教改革によって口火が切られたのですが、私たちはプロテスタントと普通呼んでおりますけれども、正式には福音主義教会と呼ぶべきだろうと思います。私はあるところでカトリックの神父さんから注意をされたのですが、プロテスタントと言いましたら、「いや、

違います。あなたがたの方はエヴァンジェリズム・チャーチ（Evangelism church）というべきだ」と言われまして、「はあ、なるほど」と思いました。プロテスタントというのはカトリックにプロテストしてという意味ですから。そうではないのだ、と向こうの方がそう言われましたので、ちょっと驚いたのです。通常プロテスタントと言い習わしておりますので、そういう言い方の方が定着してしまったのですが、福音主義教会というべきだろうと思います。

そして一五三四年に聖公会つまり英国国教会（Church of England アングリカン・チャーチともいう。Anglican Church）がカトリック教会から分かれました。これは主に国王（ヘンリー八世）と法王庁との争いからでたのです。国王が法王庁から破門されるということがあり、懺悔して悔い改めて赦されたということがあったのですが、結局法王庁からいろいろ言われるというのは嫌だというので、英国国教会ができました。国王が任命した大司教（カンタベリー大主教、トマス・クランマー、Thomas Cranmer, 1489～1566）が指導をするという形になったわけです。

その福音主義教会の中にいくつかのものがあります。福音主義教会というのは、マルティン・ルター（次頁写真上、Martin Luther, 1483～1546）の宗教改革から生まれただけではありません。同じ時期にスイスでも宗教改革がありまして、フルドリッヒ・ツヴィングリ（次頁写真中、Huldrych Zwingli, 1484～1531）という人とか、それからジャン・カルヴァン（次頁写真下、Jean Calvin, 1509～1564）という人が指導することになります。また別の動きがありまして、それがバプテスト教会ということ

になります。バプテスト教会、ルーテル教会、改革派教会、それぞれの流れを汲んだ教会ができたわけです。それからメソジスト教会というのがありますが、これは英国の聖公会ともつながっているのです。つまりこのメソジスト教会というのは聖公会から分かれたのです。従って、正確にはメソジスト・エピスコパルと呼ぶのです。つまりメソジスト監督教会なのです。

こういうように分かれたこの四つの教派、大きな意味での教派は、お互いに影響を分かち合って今日に至っております。そこからまたいろいろな教派が出て来るのですが、概ねこの四つの教派の流れをそれぞれ汲んでいると言ってもよろしいかと思います。改革派教会の流れを汲んでいるところにもいろいろな教派が生まれてきましたし、メソジストは、ホーリネスとかホーリネス系の教会です。そういうものはメソジスト教会の流れを受けております。それからバプテスト教会と同じように、会衆

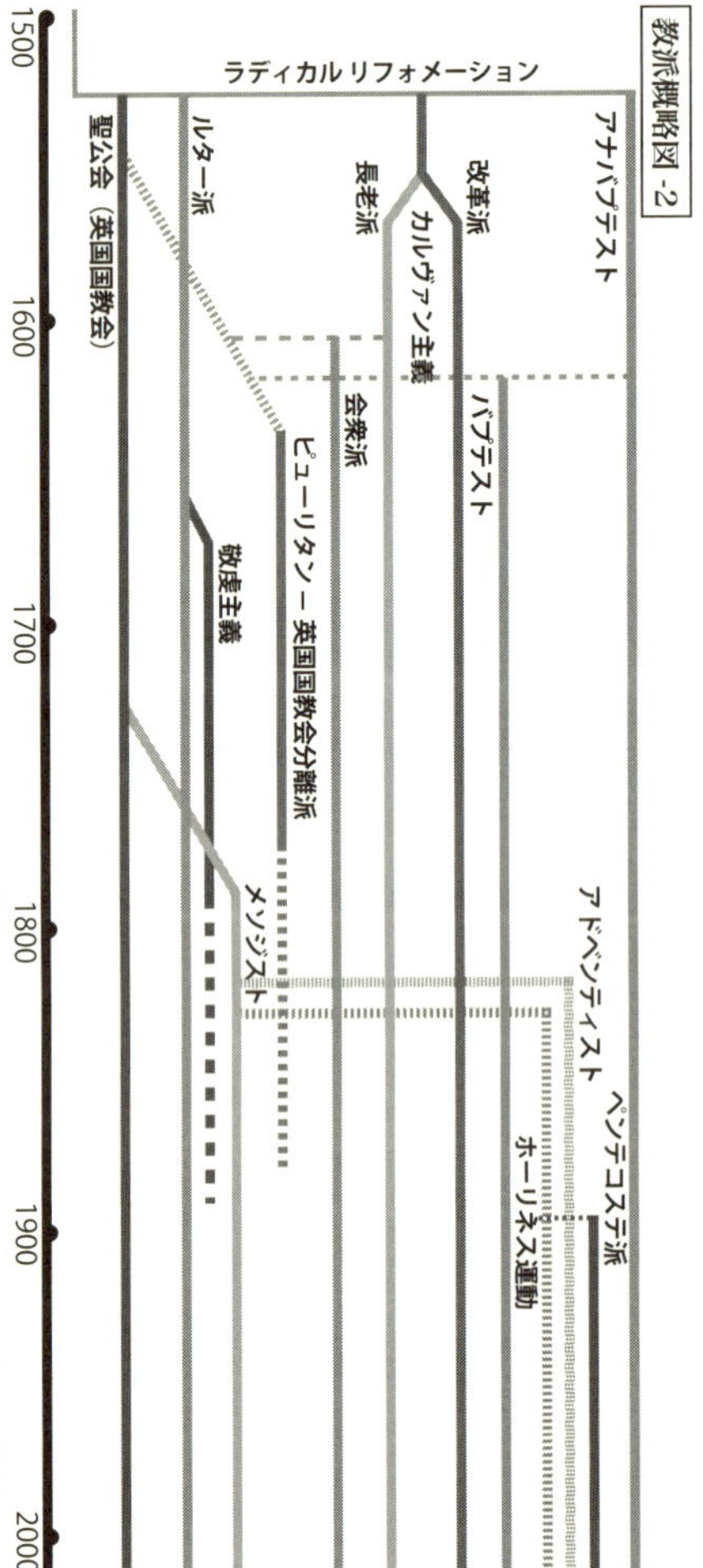

概略図：「http://ja.wikipedia.org/wiki/キリスト教諸教派」の一覧を参考に書きおこしたもの。

派の教会もそこから出てまいります。ルーテル教会、大抵みんなルーテル教会というふうに呼んでいます。いろいろと名前はつけていますけれども、そう呼んでおります。元々をたどりますと、これらのうちのどれかに入るということになるでしょう。

それとは別に一八七〇年に復古カトリック教会というのがカトリック教会から分かれました。これは、あのローマ教皇を否定するといいますか、それは聖書的ではない。それからマリア崇拝とかいうものも聖書的ではない。というような理由でカトリックから分かれたものです。大体これが今日の教派というようなものを形作っております。

さて、教派というものはこれから一体どうなるのか。かつて教会というものは一つであると理解されていました。パウロは分裂が起こりそうな時に、分裂は決してよいことではないとこれを止めたわけです。先ほど読んでいただきましたエフェソの信徒への手紙四章2節以下を見ますと、「愛をもって互いに忍耐し、平和のきずなで結ばれて、霊による一致を保つように努めなさい。体は一つ、霊は一つです」。この体というのは教会のことです。共同体のことです。「それは、あなたがたが、一つの希望にあずかるようにと招かれているのと同じです。主は一人、信仰は一つ、洗礼は一つ、すべてのものの父である神は唯一であって、すべてのものの上にあり、すべてのものを通して働き、すべてのものの内におられます」というのですから、教会というところは一つであると理解されていました。

そういうところからこの教会が、不幸にしてと言いますか、分かれてしまったのですが、実はそういうふうになりましても世界教会という自覚は失うことはありませんでした。東方教会はコンスタンティノープルの大司教座を世界総主教と呼んだのです。つまりエキュメニカル・パトリアークというふうに呼びました。エキュメニカルというのは世界教会というような意味合いです。それから、ローマ教会の方は一番大きな会議を公会議と呼んでいます。公の会議、この公会議の元の名前もエキュメニカル・カウンシル（Ecumenical Council）という言葉です。ですからそれぞれ分かれたのではありますけれども、自分たちは世界教会であるという自覚を持っていたということです。従ってその間にいろいろな形での話し合いが続けられてきました。ところが宗教改革以後、教派という事柄が具体的な形で起こってくることになったのです。しかも、その成立をしました教会、すなわち福音主義教会は、さらに細かく分裂をしていくという形になっていきます。

しかし、ドイツの教会は、宗教改革が領主に依っていて、領主が自分は福音主義教会に属すると言うと、その領内の教会は全てプロテスタントになる。私はカトリックだと領主が言えば、その地域の教会は全部カトリックの教会になる、というような形で属していたようです。ですからカトリック教会の非常に多い地域とプロテスタント教会の多い地域とがある。しかもそういうふうにプロテスタント教会になった教会も、いつでもカトリック教会になれるように、その建物そのものはそのまま残した、というのです。

私にはルターがどのような考えを持っていたか分かりませんが、ルターはカトリックの信仰に対しては厳しく「否」と言ったのです。しかし彼の作りました礼拝様式はカトリック的なミサはありませんが、やはり、その礼拝をミサと呼び、聖餐の守り方自体は違いますが、内容的にはほとんどカトリックと同じような内容を持っているのです。先日もひばりヶ丘聖書会でいろいろなお話が出ました。

ルター教会の方、聖公会の方、いろいろいらっしゃいました。ホーリネス系の教会で育った方が、ルター教会に行かれるようになり、びっくりしたというのですが、それはもう当然だと思います。そこでなされているのは、本当に一つの式文にのっとってなされるというやり方をしています。

さて、こういうふうな状況の中で「教派」というものが分かれていくことになるのですが、こうした状況に対してこれはおかしいのではないか、と考えだしたのは十九世紀の世界宣教における宣教師たちでした。つまりあちらこちらの国に行ってそこで宣教する、伝道する、ということになってきました。そういう時に、このような教派の違いというものは、一つには宣教ということにとってあまりいいことではないということ。今まで教派ということを何も知らないでいるこの人たちに伝えていくことに教派という事柄はおかしいのではないか、ということこのような反省が起こってくるようになりました。そして、そういうところから一致への模索という事柄が始まって来ることになったのです。

日本でも明治初期、まだキリシタン禁制の高札が取り払われない時期に宣教師たちがやってきたのです。そしてその人たちが教会を建てることになったのですが、やはり同じように考えました。教派というものはここには持ち込まない方がよいのではないかというので、最初にできましたのは「一致教会」、教会を公会と言いまして、横浜の一致公会、それから神戸の一致公会というので、これは教派ではない、事実上は教派に属する宣教師が来ていたのですけれど彼らはそういうふうに考えました。しかし残念なことに、そのうちにやはり教派の伝道が始まりまして、教会はそれぞれそこに伝道した

人たちの属していた教派に属するようになっていくということになるのです。

しかし十九世紀の世界宣教における宣教師たちが疑問を抱いたということは事実であります。そういうところから一致への模索ということが始まっていくことになります。それがどういう形で始まっていったか。世界宣教会議（写真、The 1910 World Missionary Conference,the Edinburgh Missionary Conference）というのが一九一〇年にエディンバラで開かれました。つまり二〇世紀に入ってまもなくです。十九世紀の世界宣教における宣教師の抱いた問題意識というものが、こういう形で出てまいりました。従って名前も世界宣教会議という名前になっているわけです。そこで教会の一致への模索ということが始まってくることになります。これは後に三つの分野に分かれていくのですが、それがまた世界教会会議という形で結集されて一つになっていきます。第二次世界大戦が終わりましてまもなく、一九四八年にアムステルダムで世界教会会議が開かれました。これが後に出てきますＷＣＣ（下図、World Council of Churches シンボルマーク）という世界教会協議会の第一回の総会になりました。以来ずっと総会が続いているのです。第一回はアムステルダム、第二回はエヴァンストン一九五四年、第三回がニューデリー一九六一年、第四回はウプサラ一九六八年、第五回ルーバン、第六回がナイロビ、第七回がバンクーバー、第八回がキャンベラで一九九一年に開かれました。その後はまだ開かれておりません。しかしスイス・ジュネーブに本部があり、そこで各国から集められた人々が様々な役割を果しておりります。

こういうような事柄がどのような形でできたかといいますと、いままでは互いの違いということが強調されていたのです。先ほど申しましたように違いがいろいろあるわけです。その違いというのは歴史的な意味を持っていますので、その違いが強調されたのですが、次第にそこから共通点の認識ということが起こってきました。先ほどのエフェソの信徒への手紙四章、「何々は一つ、何々は一つ」というのは共通点ということに当たるだろうと思います。そして今まではここが違うのだといろいろ言ったのですが、一致のためには違うことは無視しよう、となりがちですけれどもそうはいかない。それぞれ歴史的な意味合いがありますから、そこで違いは違いとして認めよう、そして話し合いをしようというようになってきました。さらに違いというものは教会全体の豊かさであるというふうに認識されるようになったのです。先ほどホーリネスの人たちとの祈祷会のことを申しましたが、ホーリネスの祈祷会は何と言いますか、賑やかさと言ってはおかしいかもしれませんが、それもやはり教会全体の豊かさです。また私共が守っているような祈祷会のようなものもやはり教会全体の豊かさ、と私たちは捉えるようになってきました。そういうところから次第に話し合いが始まってきたのですが、先ほど申しました世界教会協議会というのは一緒にできることをやろうという形で進められてきたのです。もちろんまだ一緒にできない事柄はたくさんありますが、しかし一緒にできることをやろうというふうに捉えられてきています。ことに、ここではただ単に信仰とか職制に限るのではなく、人種差別の問題、飢餓の問題、環境の問題、保健の問題というようなことを、世界全体の問題を教会全体の問題として捉えようという働きが進められております。

私はついこの間、「日独米合同委員会」というのがあり、――日本の教団と連携するアメリカの八つのミッション・ボードとドイツのミッションとが集まり、日本の教団と協力をするという委員会です。――その委員会の人たちが狭山裁判の現場を見学したいというので私も一緒について行きました。いろいろ話をして現場を見て歩き回って、そして懇談するのですが、この人たちのその問題に対する把握の鋭さ、速さ、そしてこの問題は世界教会協議会のどこそこにかけようと、パッパッパーッと決めるのです。そういうふうな働きもこの世界教会協議会はしているのです。一緒にできることはやろうというのです。

そういうようなことの中から合同への動きというのがいろいろと始まりました。日本キリスト教団も実は合同教会です。英語ではThe United Church in Japanなのです。ですから合同教会なのです、欧文での響きでは。しかしこれは、綿密な話し合いをして合同にしたというのではありませんが、そういうふうな教会が次第にあちらこちらで増えていっております。まだまだ少ないし、困難はありますが、合同への動きがあり、教会は一つでなければならないという考え方が次第に広がりつつあるということが言えると思います。従って話し合いがずっと今も継続されています。最近ではルーテル派の教会と、カトリック教会とが話し合いを続けています。これはお互いに犬猿の仲だったのですが、カトリック教会だけでなく、ルーテル教会の側もカトリック教会に対しては異常な反発を抱いていたのですが、話し合いが始まりました。これも長い時がかかると思いますけれども、そういうものが始まったということは、大変大きなことだと思います。まだまだいろいろな困難はあります。そういうことの中から本当に「主の体は一つである」という事柄が行われてくるのではないだろうかと思っております。（『カトリックとプロテスタント―どこが同じで、どこが違うか』、一九九八年、『義認の教理に関する共同宣言』、二〇〇四年、教文館）

私にとりまして差し当たっての問題は共同聖餐ということです。共同、つまりあらゆる教派を超えて聖餐式を一緒に守ることができるように、そのことができるようになればそれは素晴らしいことだと思っています。そこでこそ、「体は一つ、霊は一つ、一つの希望、主は一人、信仰は一つ、洗礼は一つ、全てのものの父である神は一つ」、こういうことが初めて実現するのではないだろうかと、願っています。

お祈りいたします。

天にいます父なる神さま。

今日、このところに集い、私たちの間に存在する「教派」のことについて考えさせていただきました。それぞれの意義があって今日のような形になったのではありますが、その中から主にあって一つになろうとする動きが今も続けられておりますことを思い感謝いたします。困難はありますけれども本当に私たちの主はお一人であり、体は一つであることを、どうか私共が覚えさせていただき、それが実現することができるようにと祈り求めて行かせてください。

また私共もそれぞれ属する教会は違いますけれども主にあって一つであり、そして主に与るからこそ全てのものは一つであることも覚えさせていただくことができますように導いてください。

どうか全世界にあります主の体、諸教会、その枝である兄弟たち姉妹たち、どうぞあなたがそれぞれを守り、支え、導いてくださいますように。そのことが分裂する世界をまた一つにならせていただくことへ導かれますようにお願いいたします。

主イエスの御名によってお願いいたします。　アーメン。

（一九九七・三・二一　南沢集会）

［付　録］（二〇二一年七月十九日、日本基督教団改革長老教会協議会教会研究所　芳賀 力師より掲載許諾メール拝受）

原ニカイア信条（三二五年）

われらは信ず。唯一の神、全能の父、すべて見えるものと見えざるものとの創造者を。われらは信ず。唯一の主、イエス・キリストを。主は神の御子、御父よりただ独り生まれ、すなわち御父の本質より生まれ、神よりの神、光よりの光、真の神よりの真の神、造られずして生まれ、御父と同質なる御方を。その主によって万物、すなわち天にあるもの地にあるものは成れり。主はわれら人類のためまたわれらの救いのために降り、肉をとり、人となり、苦しみを受け、三日目に甦り、天に昇り、生ける者と死ねる者とを審くために来り給う。われらは信ず。聖霊を。

御子が存在しなかったときがあったとか、御子は生まれる前には存在しなかったとか、存在しないものから造られたとか、他の実体または本質から造られたものであるとか、もしくは造られた者であるとか、神の御子は変化し異質になりうる者であると主張するものを、公同かつ使徒的な教会は呪うものである。

（関川泰寛訳）

ニカイア・コンスタンティノポリス信条（三八一年）

わたしたちは、唯一の神、全能の父、天と地と、見えるものと見えないものすべての造り主を信じます。

わたしたちは、唯一の主、神の独り子、イエス・キリストを信じます。主はすべての時に先立って、父より生まれ、光よりの光、まことの神よりのまことの神、造られずに生まれ、父と同質であり、すべてのものはこの方によって造られました。主は、わたしたち人間のため、またわたしたちの救いのために、天より降り、聖霊によって、おとめマリアより肉体を取って、人となり、わたしたちのためにポンティオ・ピラトのもとで十字架につけられ、苦しみを受け、葬られ、聖書に従って、三日目によみがえり、天に昇られました。そして父の右に座し、生きている者と死んだ者とをさばくために、栄光をもって再び来られます。その御国は終わることがありません。

わたしたちは、主であり、命を与える聖霊を信じます。聖霊は、父と子から出て、父と子とともに礼拝され、あがめられ、預言者を通して語ってこられました。わたしたちは、唯一の、聖なる、公同の、使徒的教会を信じます。わたしたちは、罪のゆるしのための唯一の洗礼を、信じ告白します。わたしたちは、死人のよみがえりと来るべき世の命を待ち望みます。アーメン

（日本基督教団改革長老教会協議会教会研究所訳）

カルケドン信条（四五一年）

されば、聖なる教父等に従い、一同声を合わせ、人々に教えて、げにかの同一なる御子我らの主イエス・キリストこそ、神性に於いて完全に在し人性に於いてもまた完全に在し給うことを、告白せしむ。主は真実に神にいまし、真実に人でありたまい、人間の魂と肉をとり、その神性によれば御父と同質、人性によれば我らと同質にして、罪を他にしては、全ての事に於いて我らと等し。神性によれば、万世の前に御父より生れ、人性によれば、この末の世に我らのため、また我らの救いのため、神の母なる処女マリアより生れ給えり。同一なるキリスト、御子、主、独り子は二つの性より成り、そは混淆せられず、変更せられず、分割せられず、分離せられずして承認せらるるべきなり。されば、この二つの性の区別は、一つとなりしことによりて何等除去さるることなく、却って各々の特性は保有せら

れ、一つの人格と一つの存在とに合体し、二つの人格に分離せられず、分割せられずして、同一の御子、独り子、御言なる神、主なるイエス・キリストなり。げに預言者等が、昔より、彼につきて宣べ、また主イエス・キリスト自ら我等に教え給い、聖なる教父等の信条が我等に伝えたるが如し。

（東京基督教研究所訳）

7　死と生（1）

ローマの信徒への手紙六章1～11節

死と生（1）

「死と生」という題でお話しさせていただきます。いろいろ準備をしておりましたら内容が多すぎまして、二度に分け、今日はパート1ということでお話させていただこうと思います。今日の聖書の個所はパート2のために用意をしたものですから、今日は聖書の個所には直接ふれません。お許しをいただきたいと思います。

大変有名なお話しですが、ある時、孔子《こうし》（次頁写真、紀元前五五一年〜紀元前四七九年）に弟子のひとりが尋ねたのです。

「先生、死とは何でしょうか」すると孔子が答えて、「我未だ生を知らず、焉《いずく》んぞ死を死らんや。」「私はまだ生というものも知らないのに、どうして死のことを知っているだろうか」と返事をしたというのです。私たちはこう言われますと、何となく納得してしまう所があります。まあそんなものかなあ、まあそんなものだろうなあ、というように思うのです。しかし、私は孔子は逃げたのでなければ、不可知論（agnosticism）者であったのだと思っているのです。多くの人が死については解らない、という不可知論の立場です。そう考えておられるようです。解らない以上そんなことを考えるより、どう生きるべきかを考えようと思うのです。ですから孔子の教えは、結局どう生きるべきかということについてのものです。しかし私たちは、それとは少し違った考え方をいたします。

私たちの持つ人生観は、その人の行動を決定する一つの規範なのです。「いや、私はそんな人生観なんて持っておりません」と言われる方が多いのですが、そうではないのです。例えて言えば、「まあ楽しく生きよう」というのも一つの人生観なのです。あるいは「人生というものは、ほんとに苦しいものだ」というのも一つの人生観なのです。そういう私たちが持っている一つの考え方というのがその人の行動を決定していく、それが基準になっていくのです。

私たちの場合には建て前の人生観と、本音の人生観というものがあり、自分でさえどちらが建て前でどちらが本音なのか気付かないことがあります。ですから言葉の上では素晴らしい人生哲学を語りますが、その人の行動を決定しているのは別の人であるという場合もあるのです。例えで申しますと、「あの人は言うことはとても立派だけど、やることは違うなあ」ということがあります。これは建て前の人生観と、あるいは本音の人生観とが違うということなのです。こういうような人生観というものが、どういうふうにしてできてくるかは、今は詳しく述

べられませんが、簡単に言いますと、その人自身の誕生から、その人が受け継いできたもの ―― 私は余り遺伝という言葉は使いたくないのですが ―― 、両親から受け継いできたものがあるのです。そういうものと、その人自身の誕生から二五歳位までの人生経験、この二枚のフィルターの組み合わせによるのです。それによって私たちの人生観が形作られていくのです。これを持たない人はないのですから。ですから、必ずその人は何かの人生についての考えを持っているのです。本当はその中でも、受胎から満六歳までと言いたいのですが、一応二五歳位までと言っておくことにします。そしてこの人生観は、その人の持っている死生観 ―― 生のほうは人生でもよいのですが、死というものについての考えです ―― それは同じものなのです。事柄の裏と表みたいなものだと言ったらよいかと思います。逆に申しますとその人の持つ死生観というものが、その人の人生に大きく影響するということになるのです。しかしどんな人もそれを意識していても意識していなくてもなのです。

ですから先ほど申しましたように、「私はそんな事考えたこともありませんし思ってもいません」と言う人でも同じです。その人の死についての考え方というものが、その人の人生に非常に大きく影響を与えることになります。多くの人にはそんな高尚な考えはありませんから、そんな難しいことにはなりませんというのですが、どんな人も何らかの考えを持たない人はいない。それを自覚しようとしない、考えようとしないというだけのこと。あるいは自覚しないし、考えようとしない振りをしているだけかも知れません。思っているからそのように行動するわけです。つまり人生観も死生観も、言うならば死についての考えも、その人の行動を決定する規範だからであります。

学生時代に三木清『人生論ノート』（創元社、一九四七年）という本が出ました。三木清（写真、一八九七〜一九四五）は、哲学者で若くして亡くなりました。それほど長生きなさったわけではないのですが、非常に優れた哲学者で将来を嘱望されていました。その人の『人生論ノート』を、心引かれて読んだのですけれども、その時はよく解らなかったのです。戦後、本は全部燃やしてしまったので、その本を見つけたいと思って古本屋で探しましたが、とうとう探すことができませんでした。死についての一文があり、三木清は、「死とは観念である」と述べておりました。今それだけしか覚えていないのです。でもそう言われて見ますと、確かにそうかなあという感じがしております。そのことにヒントを得まして、私は、死とは認識であると捉えております。死を認識するということによって死というものが自覚的になる。そういうふうに認識することのためにはこのことを学ばなければならない。知的な学びではありません。体験的な学びでもあるわけです。私たちはそういうことで学びまして死を認識する。死というものに対して自覚的になるということが起こってまいります。そこで私たちは生から死を考えるのではなく、死から生を考える、そう捉える。もちろん体験的な学びと言いましても、自分自身の死について体験することはできませんので、ほと

んど他人の死について体験的に学ぶその機会というのが非常に少なくなりました。ほとんどの人が今病院で亡くなります。従って子どもたちは死に立ち会うということがなくなって来ました。

今日の日本の近代的医療の非人間性ということが指摘されますが、このことは患者にとってだけでなく家族にとっても同様です。この死を見せないことが人道的と言いますか、あるいは人間的な考え方ではありません。実にそれを見せるということ、逆に申しますと死というものに最後まで触れるという事柄が人間的、人道的なのです。ところが病人が重篤《じゅうとく》の状態におかれますと、酸素マスクをあてがわれ、一つには器官切開によって、家族との言葉による交流というものを閉ざされるということになる。さらに末期が近づきますと、集中治療室に運ばれ、あらゆる人間関係が絶たれる。これは日野原重明さんが（私は又聞きなので何の本に書かれていたのかは判りませんが）そういうことをいっておられました。日野原さんは「そういうのは嫌だ。最後まで家族と話がしたい」と書いておられました。私はほんとにそうだなあと思うのです。従って人の死に接するということは極めて少なくなり、死を認識するということが出来難くなったということです。その結果、死に対する無関心が広がりつつあります。それは一見楽天的であるかのように思われますけれども、そうではなく、その奥底に虚無感が潜んでいるのです。数年前に若い女性むけの雑誌の『CREA（クレア）』（文藝春秋）が死の特集号を組みました。そして死についてのアンケートをとったのですが、死は怖くないと答えた人がかなりの数字に上った。今までは死が怖いという人がかなり多かったのですが、最近傾向が変わった。その理由は死ねば何も無くなってしまうのだから怖くないというものでした。

そこには二つのことが示されていると思うのです。

一つはここで捉えられている「死」は、観念としての死であって、現実の死ではない。三木清が言った、「死とは観念である」とは意味が違うのです。しかしここでは死とは観念である。人は死を現実化するということができません。そうなりますと、丁度これは崖っぷちに今いると想定して、崖下を覗いてみて、恐いか恐くないかと考えるのと同じことなのです。本当に自分が死に直面していないわけです。

もう一つは死は怖くないという背後に、これは一見極めて楽天的であるかのように見えながら、虚無感が潜んでいるのです。こうしたことは死に関してだけでなく、生活のあらゆる面に今や現れております。私はこれを楽観的虚無主義と呼びたいと思います。これは私が作り出した言葉ですからまだ市民権を得ておりません。ある人に言いましたら、「ええっ？」って言っておりましたが、私はそう思っております。無関心というのは、死について意識的にあるいは無意識的に注意を払わないということです。しかしそのことによって死についての思いを心から遮断するということには、人は何かによらなければならない。つまり何かに熱中すること、あるいは酒や麻薬の使用によってそれを紛らわすのです。

以前、説教の中で、海軍時代のことをお話しました。特攻隊に志願した者たちのことをお話しました。横須賀で出会ったのですが、一見して彼らが荒廃していることが判ったということをお話しました。その内容は、彼らは毎日死と紙一重で生活している。大体二〇歳か二一歳、少し歳がいった人でも二二歳の者たちで、毎晩酒を飲まずにはいられない。まあ毎晩飲むのです。上官はそんなことにはタッチしません。ほとんど触れるのは下士官です。この人たちは教員と言われているのですが、この教員が注意するのです。すると「死ぬのは俺たちだ」と言われる。もう何も言えなくなると言っていました。けれどもこういうものは一時的にすぎませんから、それから覚めれば意識に残る。それを回避するためにより一層お酒を用いるしかない。こうして人格的に荒廃していくわけです。この死のもたらす虚無観というものは、多かれ少なかれ全ての人の心にあると言ってよいと思います。

鈴木正久先生が、癌の告知を受けた時のことを教会の人たちにこう語っておられます。これは『王道』という葬式の時に配られました小さな小冊子にも納められていたのですが、それは纏めて他のものと一緒にしまして『王道』（日本基督教団出版局、一九七〇年）という本の中に入っています。こう述べているのです。

癌の告知を受けた時、もう助からないということを知らされた時に今まで考えていた明日がなくなってしまった訳です。明日がないと今日という日もなくなります。そして急に何やらその晩は、二時間程ですけれど暗い気持ちになりました。寝たのですけれども胸の上に何か真っ黒いものがこうのしかかってくるようなそういう気持ちでした。私はその時祈ったわけです。今までそういうことは余りなかったのですが、唯、「天の父よ」というだけでなく、子どもの時、自分の父親を呼んだように「天のお父さん、お父さん」と何度もそういうふうに言ってみたりもしました。それから「キリストよ、聖霊よ、どうか私の魂に力を与えてください。」そうしたらやがて眠れました。そして目が覚めたら不思議な力が与えられていました。最早、ああいう恐怖はありませんでした。

日本人の持っている死の虚無という感覚は、本来、日本にあったものというよりも、伝統的なものの中で形成されて来た面が強いと私は思います。もっとも仏教は教派間に信仰内容について非常な開きがありまして一つに纏めていうことはできません。最大の教派である浄土宗（写真、宗祖法然《ほうねん》上人、

一一三三年〜一二一二年）あるいは浄土真宗（親鸞が、師である法然によって明らかにされた浄土往生を説く真実の教えを継承し展開させる）の考えによれば、現世、これは穢土《えど》（穢れた国土。煩悩から抜けられない衆生、凡夫の住むこの世。現世。娑婆。）そういう穢土と呼ばれる現世とは別に浄土があるというあの世です。そして念仏をとなえれば死後浄土へいく。こういうふうに浄土宗及び浄土真宗ではとらえております。

しかし禅宗は浄土というものを否定する禅宗の中の一つである曹洞

宗というものを始めました道元《どうげん》（写真上、一二〇〇年〜一二五三年）という人がいるのですが、この道元は、存在は過去、現在、未来のすべてにまたがる。薪が燃えて灰となる。灰が無くなったのではない。薪も灰も一つの存在の異なった相であるに過ぎない。そういう所から不生不滅《ふしょうふめつ》、生もなく死もない。不常不断、存在もなく非存在もない。不帰不去、つまり地上に人間として来た訳でもなく、また死んで地上から去るわけでもない。つまりこれに対して在るとか無いとかそういうような相対的な関係というのは形だけのことであってそんなものは無いのだ。そのことを否定しまして、絶対的な境地に座禅によって到達することが禅宗です。ですからここで死ぬとか死なないとかいうことは何も無い。けれども禅宗の解く所は難解でありまして、これを理解するのには、座禅という方法で多くの努力を必要とします。

しかし面白いことにこういう考えもあります。つまり薪が燃えて灰となった。薪が無くなったのでもなければ、薪も灰も存在の異なった相であるにすぎない。ですから生きているというのと、死んだというのと何も変わらないのだ。一つの存在の異なった相に過ぎないという捉えかたです。今日この考え方はエネルギー不滅の法則で捉えられる。人間がそこで無くなるわけではない。エネルギーなのだから、他のエネルギーに代わっただけの話しだ。そう捉えている人もありまして、ちょっとびっくりしました。この浄土真宗というのは、日本的な死牛観を根本的に否定したものであったのです。親鸞《しんらん》（前頁写真中、一一七三年～一二六二年）にとりましては、念仏というのは自己の魂の救済のためでして、他人の供養のためではなかったのです。ですから親鸞は人を葬るために念仏を唱える、というふうには言わなかったのです。彼自身も「わたしは両親の為に念仏を唱えたことは一度もない」と言うのです。つまりこの日本的な死生観、非常に技術的な死生観ですが、それを親鸞は否定したわけです。しかし法然と親鸞から約三〇〇年を経まして連如《れんにょ》（前頁写真下、一四一五年～一四九九年）という人が「白骨の文」というものを表しまして、次第に日本的なものと結合するようになりました。仏教は死者供養の宗教になっていったのです。「白骨の文」というのは、非常に有名でありまして凄い美文です。

それ人間の浮生《ふしょう》なる相《そう》を　つらつら観《かん》ずるに　おおよそはかなきものは
この世の始中終《しちゅうじゅう》　まぼろしのごとくなる一期なり
されば未だ万歳《まんざい》の人身《じんしん》を受けたりという事を聞かず

一生過ぎ易し　今に至りて　誰か百年の形体を保つべきや
我や先　人や先　今日とも知らず　明日とも知らず　おくれ先だつ人は
本《もと》の雫《しずく》　末《すえ》の露《つゆ》よりも繁しといえり
されば朝《あした》には紅顔《こうがん》ありて　夕《ゆうべ》には白骨となれる身なり
すでに無情の風きたりぬれば　即ち二つの眼《まなこ》たちまちに閉じ
ひとつの息長く絶えぬれば　紅顔むなしく変じて　桃李《とうり》の装いを失いぬる時は
六親眷属《ろくしんけんぞく》集まりて　嘆き悲しめども　さらにその甲斐あるべからず
さてしもあるべき事ならねばとて　野外に送りて夜半《よわ》の煙と為し果てぬれば
ただ白骨のみぞ残れり　あわれというも中々おろかなり
されば、人間のはかなき事は老少不定《ろうしょうふじょう》のさかいなれば
誰の人も、はやく後生《ごしょう》の一大事を心にかけて
阿弥陀仏《あみだぶつ》を深くたのみまいらせて
念仏申すべきものなり　あなかしこ　あなかしこ

と、こういうふうに連如は言っているのです。これは極めて厭世《えんせい》的な、つまりこの世には何にも期待を抱かない、希望をおかない、これはもうたちまちにして過ぎ行く。明日の紅顔は、たちまち夕には白骨となるというそういうはかないものだから、そういうものには望みをおかない。ひたすらに念

仏を申して往生を願う。ですからこれは非常に厭生《えんせい》的なのです。つまりこの世には何の価値もおかない。そういうとらえ方であります。このようなものが仏教の中にありまして、それが次第に一般の人の中にも定着をしてくるということになってまいります。

現在の日本人の死生観というものは、古代から今日まで渡来した各種の文化、キリスト教も含めてですけれども、そういう文化の影響を受けております。そして私たち日本人は、多かれ少なかれこのような死生観を心の中で抱いているのです。しかし基本的には、日本古来の固有の死生観がありまして、それがむしろ日本に渡来した外来文化、宗教文化に変容を与えたというべきかもしれない。今、仏教に対しても日本人の持っているそういう死生観というものが仏教をも変容した。うっかりするとキリスト教にも変容を与えることになるかもしれないというようなことです。

日本人固有の死生観というものは何か、と言いますと、聖路加看護大学の教授である山本俊一（一九二二年～）という方によりますと、「日本人の特性は、現実主義的、楽天主義的、刹那主義的、享楽主義的であり、その底に厭生的なものを宿している」と言っておられます。この厭生的なものというのは、日本古来のものではなくて、中世において打ち続く戦弾の中で仏教思想が民衆の間に浸透して行ったということによるのだろうと思います。古い考え方は万葉集の中にこんな歌があるのです。

1　生ける者　遂にも死ぬるものにあれば　この世なる間は　楽しくをあらな（大伴旅人）

もう一つは

2　この世にし　楽しくあらば来む世には　虫に鳥にも　我れはなりなむ（大伴旅人）

その1について説明しますと、この1の言葉に非常に似たものが、Ⅰコリント一五章32節に出ています。「食べたり飲んだりしようではないか、どうせ明日は死ぬ身ではないか。」

これは紀元前四世紀から三世紀にかけて正確な年数は判りませんが、ギリシアの喜劇作家メナンドロス（Menandros, BC342～291）の失われた作品『タイス』からの引用であるということが知られております。しかし、パウロの時代には最早諺になっていたようです。そしてこれと同じ様にローマの自由市民の、自由市民というのは仕事をしなかったのです。毎日遊んでいたのです。仕事は全部奴隷にさせた。歌を歌ったり詩を作ったり、宴会をやったりしました。宴会が浮かれた気分になってまいりますと、奴隷がお盆の上に本物そっくりの木製の屍体を乗せて持って来て、さあ明日はこういうふうになるのだから飲み食いせよ、楽しめよと言って人は皆思いを取り直して、また飲んだり食ったりした。それがここでパウロによって引用されているのです（榊原康夫『コリント人への第一の手紙講解』一九八四年、聖文舎、七八〇頁以下参照）。これは先ほどの万葉集の「生けるもの　ついには死ぬるものにあれば　今ある間に楽しくありなむ」こんな所に日本人の現実主義、楽天主義、刹那主義、享楽主義というのがよく表れています。

2番目の歌の方は、この背後には輪廻《りんね》思想というものがあります。輪廻思想というのはヒンズー教から来ています。実は仏教というのは、本来ヒンズー教から来たもので、仏教はインドから発したものですが、今のインドには仏教はほとんど無いのです。インドの仏教は死んじゃったのです。そして現在はヒンズー教になっているのです。そのヒンズー教の中に宇宙の現象は限りない反復を繰り返しているという所から出ています。ヒンズー教における輪廻というのは、信心と業《ごう》(カルマ)から来ている。私どもは業が深いとか言いますけれど、もちろんそういう意味もありますけれども、善業と悪業の限りない連鎖、それがこの世界だというのです。そうしますとそれは善業もあるけれども悪業もあります。それがもう絶え間なく限りなくつながっているというのですから、そういう連続から連鎖から抜け出すことができない。そういうようなものからの救いを目指すのが、ヒンズー教のいうところです。つまり輪廻というものを断ち切るということです。しかしいつしかそれが輪廻転生というようになり、仏教にもそれが取り入れられるようにもなりました。最初は霊魂が点々と他の生を受けて、迷いの世界を巡るというようなことだったのですが、それが死ねばどこかで他の生に生まれ変わることを意味するようになったのです。生まれ変わるとは、必ずしも人間に生まれ変わることではないのです。それぞれの業に応じて虫にも鳥にもなるという考え方です。このような輪廻思想は、遠藤周作の『深い河』(講談社、一九九三年)でも取り上げられています。どこかに転生しているというのです。しかしここで言っているのはそれ自体極めて宴会的な考え方なのです。この万葉集の古歌は

この世にて　楽しくあらば来世よりは……

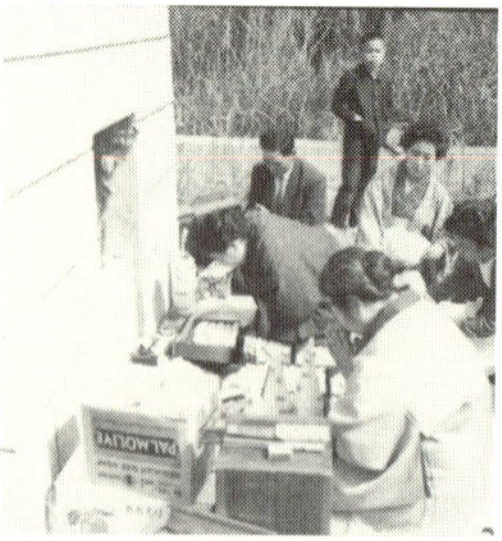

この世で（酒などを飲んで）楽しく過ごせたら、来世で虫にも鳥にもなってもよいではないか、とこのようなことなのです。ですからこれは、もっと非常に刹那的な考え方ということになるでしょう。そのようにしか受け取らなかった時代です。

さて、日本人は「死」をどのように受け取ったかと申しますと、死後の人間は霊として存続を続ける。ただしそこには善い霊と悪い霊とがある。善い霊というのは、先祖の霊と呼ばれている。悪い霊というのは怨霊と呼ばれている。死後、死者は黄泉《よみ》（これは地下にあるのです）で生活します。地獄というのは、後の仏教思想によって生じたもので、仏教にも本来的には地獄という考え方はなかったのです。その黄泉で生活しまして年に二回この世の家族のもとに戻り、子孫たちと楽しい交わりを持つと考えました。そして春と秋との最初の満月の日、つまり太陰暦の一月十五日と七月十五日にそのような楽しい交わりの時があり、その時には黄泉から祖霊が帰ってくる。これがお分かりのように「お盆」ということになるわけです。いわゆる死者との家族の交わり、このような形で日本においては行われています。沖縄の「清明祭《しーみーさい》」（写真、沖縄公文書館 http://www.archives.pref.okinawa.jp/publication より）は、日本におけるお盆に当たる年中行事です。

お墓に行きまして、門中墓《もんちゅう》に一族（家族だけではなく）が集まり、各世帯が持ち寄った重詰料理や酒、花をお墓にお供えし、そこで飲み食いをしたりするわけです。種のお祭りですが、死んだ祖霊もそこに出て来るというわけです。そして一緒に交わりをする。仏教は最初こういう様な習慣を改易しました。これは仏教的でない。しかし一向宗（浄土真宗の一派）がお盆として取り入れると共に、それを再解釈しました。いずれも日本的な習慣であったもの、死者との交わりというものを仏教の中に取り入れたのです。大体「お盆」というのはサンスクリットふうには梵語《ぼんご》と呼ばれていますが、それのウランバナ（ullambana）、そこから盂蘭盆《うらぼん》という言葉が出てきます。

ウランバナという言葉は「甚だしい苦しみ」という意味の言葉で、餓鬼道に落ちて苦しみ、祖霊を供養するという意味合いに位置付けして再解釈をした。ですから供養をすることによって個人の冥福を祈る。冥福というのは死後の幸です。それを祈るということになったのです。しかし本来の意味は失われてしまいました。かえって盆踊りなどの習慣に残っています。つまり祖霊と共に楽しく交わる所で起こって来たのです。何故お盆に踊るのか不思議なことですが、それは日本的な習慣から来たのです。それが仏教と結合したわけです。これが旧暦の七月十五日という形で、今日も残っているのですが、一月十五日のほうは現在失われてしまいました。余り小正月を祝うこともなくなりました。元々あった意味が失われたのです。死者は黄泉で生活するのですから、埋葬のやり方自体は余り大きな意味を持たなかった。庶民の葬儀は野辺送りと言い、埋めるだけで墓は立てられなかった。庶民が墓を立てるようになったのは十七世紀以後、つまり徳川幕府になってからです。お墓を立てるのは、日本の古くからのしきたりのように思っていますが、そうではないのです。そして何故そうなったかと言いますと、キリシタン追放禁制と関連しまして、宗門人別改帳《しゅうもんにんべつあらためちょう》（江戸時代、幕府はキリスト教禁止令を発布し、やがて寺請制度を確立させ、民衆がどのような宗教宗派を信仰しているかを定期的に調査するようになる。これを宗門改《しゅうもんあらため》と呼び、これによって作成された台帳を宗門改帳と呼ぶ。）というものを寺が取り持つようになったのです。人が生まれたり死んだりしますと必ず寺に行くのです。そして寺で人別帳を書く。人別帳に載らないものはいわゆる無宿と言われたのです。死人と呼ばれたのです。キリシタンは人別帳には載せてもらえなかったのです。従って墓を寺の所属としてから、みな墓を立てることになってまいりました。祖霊とは別に、怨霊があります。これは最初から善い霊と悪い霊が決まっているわけではないのです。この人が悪いことをしたから悪い霊なのだということではないのです。そうではなく、生者と死者が善い関係にあるか悪い関係にあるかという事柄によるのです。

霊というものは超自然的な力を持つということにされましたから、善い関係にあればその霊は自分たちを守ってくれる。守護霊と呼びます。悪い関係にあれば呪いをもたらす怨霊となる。だからその人が善いとか悪いとかいう客観的な意味合いはなく、自分との関係の事柄なのです。そこで祖霊をまつると共に、怨霊を静めるということが行われることになります。歴史上残る一番有名なものは、法隆寺です。法隆寺は聖徳太子のために建立されたのです。けれどこれは聖徳太子の一族が蘇我入鹿《そがのいるか》と

いう人に虐殺されるのです。それでその怨霊を恐れて、法隆寺が建てられたのです。これは梅原猛が書いた『隠された十字架——法隆寺論』（新潮社、一九七二年）という本の中にでてまいります。今日では大変有名になりました。元々仏教の盛んなことを見せるためではないのです。あれは怨霊を恐れたのです。

もう一つは天満宮です。天神さま。これはご存じのように菅原道真《すがわらみちざね》（写真、八四五年～九〇三年）を奉ってあるわけですが、菅原道真は讒言《ざんげん》にあい、九州の太宰府に流罪にされ、そこで亡くなります。亡くなってから色々の事柄が起こり、それで菅原道真の怨霊を封ずることのために天満宮を建てたのです（菅原道真を祭神とする神社。政治的不遇を被った道真の怒りを静めるために神格化し祀られるようになった御霊信仰の代表的事例）。今は学問の神さまと言われていますけれども、元々はそういう怨霊封じの神社であったわけです。

これと並んで「死を穢《けが》れ」と見る見方がありました。これは死体の腐敗と関連していたであろうと思われます。このことが仏教的なものと結び付き、今日の葬儀儀礼の中にも残されているのです。例えば葬儀の時に清めの塩を用いること、これは死は穢《けが》れであるという考え方の名残です。また祟《たた》りという事柄も死者の霊が帰って来ては困ることから、死体の足元に刃物を置く。昔は短刀を置いたのですが、今は刃物なら何でもいいというので洋ナイフを置いたりしています。これは〝足きり〟と言い、〝縁を切る〟ところから来ています。恐らく幽霊に足が無いのはそういうところから来ているのかも知れません。出棺に際して茶碗を割る。その人が使っていた茶碗を割る。また帰って来てももう食べる茶碗はありません。だから帰って来ないでね、と玄関から出ない。火葬場に行くのと帰るのと同じ道を通らない等々。これはすべてそういう所から来ている習慣です。おかしな習慣なのですが、なにかそうしないと祟りがあるかのようにみな思い、しきりに行っているのです。日本人の古来の死についての考え方、あるいは仏教の考え方などと色々申し述べましたが、こんなことがずーっと重なりあいまして、日本人の心の中には死についての何かの考え方ができているのです。

一つは死というものを嫌なものとして拒否する、恐れるということもあります。

もう一つは死というものは穢れである。その背後に非常に現世的なものがあるのです。死は不気味なものですが、しかし同時にその事柄は自分たちの生きている時というものの意味を失わせる。しかしそういうものなので死の恐れから避けるわけではありません。非常に享楽的、刹那的な在り方ができていることになってまいります。

さて、聖書の死生観はどういうものか？

聖書の死生観はまず旧約聖書から見なければならないのですが、聖書の民は二つの古代文化を経験しました。イスラエルの民族・メソポタミア、カルデアと呼ばれています。カルデアのウル、今日、内陸のユーフラテスの河口に近い所、一番最初のウルは海抜〇メートルの所にあったと考えられております。そしてそこからカノンへ移りまして、カナンからエジプトへ出て行くのです。アブラハムがエジプトに行ったというのが出てまいりますが、それは余り関係がありません。ヤコブたちがヨセフの招きによりまして、エジプトに移住する。そういう重要なことです。つまりメソポタミアとエジプトという、この二つの古代文化を聖書の民イスラエル民族は経験することになったわけです。このメソポタミアとエジプトは非常に対照的な土地なのです。どのような意味で対照的かと言いますと、一つは土地です。

　メソポタミアというのは非常に広大な土地で、民族の出入りが非常にはげしい。ですからそこに立ちました民族というのは興亡果てしない。その全貌を明らかにすることはできませんけれど、もう幾多の民族がそこを占領し、征服し、支配しているのです。私たちの知っているだけでもワイド人、アモリ人、エラム人、シュメール人、それからアッカド人、バビロニア人、ヒッタイト人、アッシリア人、そしてまたバビロニア人（メディア人、スキタイ人〈＝スクテヤ人〉含む）、さらにはペルシア人そういうふうな関係になる。変転極まりないのです。

　エジプトの方はどうかと言いますと、エジプトの歴史をずーっと見ますと、ペルシアに征服されるまでほとんどエジプト人の王朝が続くのです。王の系統は少しずつ変化しますが、ほとんどエジプト

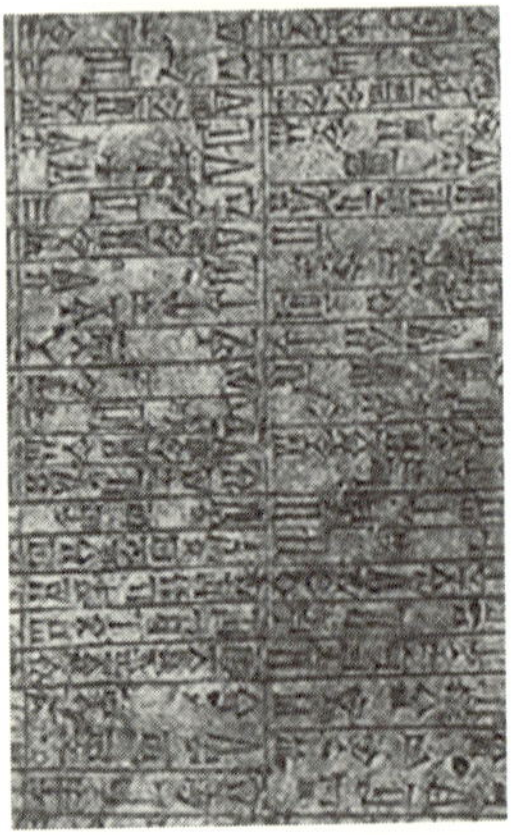

人の王朝です。ですから、いろんな民族が征服し征服され、支配し支配されている。

一方、川の方ですが、大きな川の側に文化が発達すると言われていますが、メソポタミアはチグリス、ユーフラテスという二つの川です。この川は恵みの川であると同時に洪水による破壊で恐れられていました。極めて不安定。そういうような所からこの世での幸、不幸は、偶然または神々の恣意によるというように考えられていました。神々の思い付きと言いますが、その時その時の気分の拠り所によって違うということが起きてきた。非常に不安定な中ですから、法的に人間社会の秩序を守ろうということが出てきまして、このメソポタミアの地域では古代バビロンの時代に、ハムラビ王が法典（写真、Code of Hammurabi）を作りました。これが人間の作りました法律の一番最初のものです。しかし死というものは解決できないのです。世に有名なギルガメシュ王（在位：紀元前二六〇〇年頃?）の

「ギルガメシュ叙事詩」（写真上、Epic of Gilgamesh）というのが粘土盤で残っています。

　ギルガメシュという英雄が、不死を求めて旅をする。不死の薬草のありかを聞き出し、手に入れるのですが、一瞬の油断で蛇に食べられてしまう。手に入らず、失意のまま故郷ウルクに帰るのです。そこから悲観的な死生観がでてきたのです。一切は儚《はかな》いし、一切は空しい、もう死後の世界はないのですから、死者護霊も墓もない。死者は床下に埋められるだけで、その数メートルトに地下の国がある。そこは太陽というより神々の光も熱もとどかない所であり、そこはあらゆる人間の格差は無くなってしまう。王様であろうが臣民であろうが、そこに行ってしまえば皆同じという考えです。そして死者の世界こそ人間の国であり、死こそ人間存在の本質であるととらえる。この世の方が仮なのです。

　一方エジプトの方は、このナイル川（ナイル川周辺上空、写真下）は全く違っており、恵みの川です。洪水はありますがその洪水が恵みをもたらす。従って母なるナイルと言われています。エジプトの国も広いですけれども、しかし四方を自然の要塞が守っている。北には地中海があり、南にはスーダンの

山々があり、東は紅海、西はサハラ砂漠というので、他の民族が攻め込んで来るということが非常に少ない。また乾燥した自然でほとんど雨が降らない。年間の降水量が1ミリ? です。一番雨の降る所でも40ミリというのですから日本とは全く違います。乾燥した自然ですから腐敗を知らない。これは中国の奥の方も同じ様で、南瓜《かぼちゃ》を屋外に置いておくと、中の水分が全部乾燥してしまって皮だけ残り、ボールみたいになるそうです。ですから腐らないわけです。ということは、全てがそのままの姿にとどまる。そういう所から永世という観念が生じまして、ミイラが作られるようになりました。人は死んでもそのままの姿でとどまる。現世と来世というものは連続している。しかし現世から来世にいくには、現世における道徳的、倫理的価値が死後の運命を左右するというように捉えられていました。この様な勝手な考え方はメソポタミアでは絶対にないのです。もう死んだからお終《しま》いです。良いものも悪いものもみんな陰府《よみ》にいく、地下にいく。反対にメソポタミアでは、埋葬の仕方によって死後の運命が決まる。このことは個人の道徳的、倫理的価値とは全く無関係です。この点は日本とよく似ているのです。日本もその人の道徳的、倫理的な価値とは無関係で、どういうふうに死者儀礼をするかによって極楽に行くかどうかが決まってしまうことになるわけです。ですからお経をあげてもらえるか、あげてもらえないかということは非常に大きな問題になります。イスラエル民族はヒクソス時代にエジプトに移住をしました。大体紀元前一七〇〇年代と思われます。そして一二五〇年頃、エジプト王朝ラメセス時代に出エジプトをしたと推定されていますから、少なくとも四〇〇年をエジプトで過ごしているのですが、エジプト文化の影響は受けていません。

聖書の死生観

聖書の民は、色々の言い方があります。イスラエル人と呼ぶのが一般的です。民族として呼ぶ時は大抵こう呼びます。またヘブライ人という呼び方もあります（創世記一四13、三九14、四三32、出エジプト記一〇3、サムエル記上一三3、二九3、ヨナ書一9ほか）。この呼び方は実は余り使われないのです。もう一つユダヤ人というのは、今日皆同じ意味になっておりますが、本来的には南ユダ王国、つまりエルサレムを中心に、あるいは住んでいた人たちのことをユダヤ人と呼ぶのが元々のことなのです。今日もイスラエル民族であればというよりも、ユダヤ教徒であれば全部それはユダヤ人という言い方になっております（エステル記二5、九30、エレミヤ書四〇11、ダニエル書五13ほか）。古くはアラム人と呼んでいたことが、申命記二六章5節に「わたしの先祖は、滅びゆく一アラム人であり、わずかな人を伴ってエジプトに下り、そこに寄留しました」――旧約の中の信仰告白として非常に重要な所です――と述べられています（創世記二五20、サムエル記下一〇11、列王記上二〇28、列王記下五2、二四2、アモス書九7ほか）。このアラムというのは民族名というよりも、メソポタミアの東部地域を指しているわけです。彼らがなぜ民族移動をしたのかは解っておりません。おそらく数百年、あるいは千年にもわたってユーフラテス川沿いにずっと北西に進みハランに至ります。ハランからさらに南下してカナンに至るわけですが、その間の遊牧生活には死者儀礼が発達する余地が無かった。つまり死者を埋めても二度と同じ場所に帰って来ることは無かったのです。従って死後の生というものについて考えることが無かったのです。

旧約聖書には、本来個々の「生」というものについての考えが出てこない。死者はシェオール、陰府と訳されています。この場合のよみは、日本でいう黄泉《よみ》とは違い陰府と書きます。そのシェオール（shᵉʾōl）に死者が行きまして、ラファイーム（rᵉphāʾîm）という陰のような存在になる。陰のような存在になるという所からこういう呼び方が来たのかと、思ったりもするのですが、漢訳聖書から来ているのかもしれません。シェオールは大地が浮かぶ水の底にあると考えまして、底には光もない、喜びも悲しみも無い、そして神の御手もそこにはおよばない世界と捉えられています。詩編六編6節、「死の国へ行けば、だれもあなたの名を唱えず、陰府に入れば、だれもあなたに感謝をささげません。」だから陰府という所はそういう所なのです。そこには生活みたいなものは何もない、と捉えられています。従って死体に触れることは、最大の汚れとされただけでなく、死者との交流をなすということは、いかなる形のものであっても厳しく禁じられました。

墓や死者や骨が汚れているという考え方は、主イエスにおいても見られており、マタイ二三章23節に出てきます、律法学者やパリサイ人たちに向けて述べられた言葉、「あなたがたは白く塗られた墓である」、外は美しく見えるが、中はあらゆる汚れと腐敗に満ちていると主イエスが言われました。

ですから当時のユダヤ人が持っていた考え方を、そのままイエスが受け継いでおられるわけです。

しかしこの陰府というものは、神に敵対する領域であるとは考えられなかったのです。そこは神の御手もおよばないとは捉えていたのですが、この陰府が、神に敵対するとは捉えていなかったのです。イスラエル民族の信仰が拝一神信仰、つまりヤーウェなる神だけを拝みますが、他に神があってもいいのです。ヤーウェなる神だけを拝むことが拝一神信仰ということです。そこから唯一神信仰へと高められるに従って、この唯一神信仰というのは、神はこの方しかいない。他には神々と呼ばれているものはいるけれど、あれは何も神ではない。全然神ではない。この神だけが神なのだ。それは自分たちにとってだけではなく、他の人たちにとっても皆そうなのだ。この方以外に神はないという捉えかたです。

実は拝一神信仰というのと唯一神信仰というのは、しばしば曖昧にされているのですけれど、私ははっきり分けなければいけないと思っています。拝一神信仰から唯一神信仰へと高められるに従って、シェオール・陰府というものも次第に神の支配のもとにあるとされるようになりました。詩編六編6節では、死んでしまったら何もない。神を賛美することもないのだと描かれます（死においては、あなたを覚えるものはなく、陰府においては、だれがあなたを、ほめたたえることができましょうか。：口語訳）。同じ詩編でも一三九編8節、「天に登ろうとも、あなたはそこにいまし、陰府に身を横たえようとも、見よ、あなたはそこにいます」とあり、唯一神信仰が確立するようになった捕囚期以後の作品なのですですから旧約の時代の古い文書の中には、こういう唯一神信仰に関するような言い方は出てきません。先ほどの詩編六編と一三九編と違っているのはそういう時代に作られた時代の違いで、それをこれは表しています。死者との交流、口よせ、霊媒、巫女などが禁じられたのは、その反面にこうした習慣が横行したことを示しています。これはカナン的民間信仰だったのです。そういうものが、古くからこのイスラエル人が住んだ地域には存在していたわけです。日本でも、口寄せ、霊媒が巫女というのはあります。青森県の恐山の巫女は大変有名で、いたこと呼ばれています。

サムエル記上二八章1～19節、イスラエルの初代の王であったサウルが、自分で死者との交流、口寄せ、霊媒、巫女を禁じておきながら（同3「サウルは、既に国内から口寄せや魔術師を追放していた」）、切羽つまりまして、サムエルの亡霊をシェオールから呼び出して、その助言にすがろうとしたことが示されています（同8「サウルは頼んだ。『口寄せの術で占ってほしい。あなたに告げる人を呼び起こしてくれ。』」）。サムエルは霊で現れたというのです。けれども非常に不機嫌で、サウルに対して霊媒がいうことを聞かない。いずれお前も死んで私と一緒の所に行くのだろうと、すげなく言っているところがでてまいります（同19「……あすは、あなたもあなたの子らもわたしと一緒になるであろう……」口語訳）。つまりイスラエルの信仰が、これを禁じたというのは、過去が現在に対して祖先崇拝的呪術的拘束力を持つことを意味しているからです。つまり、神がすべてを支配しておられるという信仰に対して、敵対するものであったのです。過去の事柄が、現在にこういう形で力を持っていることは有り得ない（因果応報を参照）。しかもこういうような事実は、しばしば道徳的善悪や社会的正義を押し殺すとことになります。こういうものは、イスラエルの神信仰とは全く異なった源泉を持つということです。

今日的私たちで言えば、こういう考え方は全く聖書的ではないということになるでしょうか。先ほど一寸申しましたように、地獄という言葉も、本来旧約には無かった。実は聖書の中には、地獄という言葉が出てこないわけではないのですが、「地獄」と訳されている言葉は、元々はゲヘナという言葉であります。ベンヒンノム（ベン・ヒノム：新共同訳）という言い方もありますが、「ヒンノムの谷」という地名から来ているのです。ヒンノムの谷というのはエルサレムの西と南を取り巻く枯れ谷のことであります。王国時代に犠牲をささげる聖所トペテ（トフェト：新共同訳）がヒンノムの谷に設けられまして、バアル（モレク）への犠牲として、子どもを焼き殺したり、火渡りをさせたりした（エレミヤ書七31～34、一九6、三二35）。これは当時のアハズとマナセという王がこれに関わりました（歴代誌下二八3、三三6）。「彼（マナセ）はベン・ヒノムの谷で自分の子らに火の中を通らせ」と記されております。この恐ろしい習慣はヨシヤ王によって廃止されました（列王記下二三10「王はベン・ヒノムの谷にあるトフェトを汚し、だれもモレクのために自分の息子、娘に火の中を通らせることのないようにした」）。

エレミヤ書七章31～32節はそのことを次のように非常に強い言葉で伝えております。

「彼らはベン・ヒノムの谷にトフェトの聖なる高台を築いて息子、娘を火で焼いた。このようなことをわたしは命じたこともなく、心に思い浮かべたこともない。それゆえ、見よ、もはやトフェトとかベン・ヒノムの谷とか呼ばれることなく、殺戮の谷と呼ばれる日が来る、と主は言われる。そのとき、人々はもはや余地を残さぬまで、トフェトに人を葬る。」

こういうような所からユダヤ教においてはこのゲヘナ、ベンヒンノム、最終的な処刑場所とされ、やがて紀元前二世紀の頃には地獄を意味するようになりました。さらに紀元一世紀頃、『第四エズラ書』が書かれまして、そこにおいては陰府と同一視されるようになりました。ですから地獄という言葉自体、元々は旧約にはなかった。新約においてもこの考え方は踏襲されていて、マタイによる福音書五章22節に「火の地獄」という言葉がでてまいります。その所は原文ではゲヘナです。

しかし地獄と訳されております「ゲヘナ」(géenna)という言葉は、口語訳では三福音書とヤコブの手紙以外には出てきません(マタイ一〇28、二三33、マルコ九43、ルカ一二5、ヤコブ三6ほか)。ということは使徒後の教会は全く地獄に関心を持たなかったことを示しています。

もう一つついでながら申しますと、煉獄《れんごく》という概念は全く聖書的な根拠はありません。これはカトリックの発案です。ですから、私たちは煉獄なるものの存在など全く信じる気持ちはないのです。

もう一つ申し上げておきたいのは、旧約には復活信仰というのはありません。イスラエル民族はメソポタミアの死生観を継承したわけですから、従って死後の生についての考えはない。あったのはイスラエル民族の未来ということだけでありました。それが終末論的に深められていったのは、捕囚ということだったのです。約束とその成就ということが、信仰の中心でありましたから、終末論的な要素が古くからあったのはあったのですが、それが深められたのは捕囚によってでした。しかしこれは決して新天地という黙示思想的なものではありません。あくまでも現実的なイスラエル民族の再興だったのです。つまり来世的な考え方は、全くなかったのです。従って終末論的な復活思想の芽生えに見えるようなこと、例えて申しますとエゼキエル書三七章の「枯れた骨の復活」、すさまじい幻が出てきます。谷に枯れた骨があって、そしてエゼキエルに「これが生き返るか」と聞かれるので「そんなことはありません」という、神が声をかけられると、これがざーっと繋がってその上に筋ができて、それが肉を覆って皮ができた。しかし中に息はなかった。それでお前が預言せよ。そして「息を吹かせよ」とエゼキエルが言いますと、息がすべての人たちの中に入った。それが大いなる群衆になったということなのです。これはあくまでも民族としての復活再興、決して個人の復活ではないのです。

紀元前2世紀頃です。マカバイ（ユダ・マカバイ：マカバイ記一、二4、66ほか）という人の、シリアに対する反乱が起こり、その時以後のことです。なぜそういうものが起こったかと言いますと、今まではイスラエル民族全体が、運命を共にしていたのです。つまり苦難に会うのは民族だったのです。もちろん民族の一人と

しての自分も入っているわけですけれども、民族全体が、このマカバイの時代シリアのセレウコス王朝の元ではアンティオコス4世エピファネス（紀元前二一五頃〜紀元前一六三年、前頁写真、アンティオコス4世エピファネスの肖像のコイン）という人のヘレニズム化（ギリシア化）という占領政策が行われました。この人はアレキサンドロス大王の将軍であった人の家系から出ているのですから、非常にギリシア主義です。すべてをギリシア化してしまおう、自分たちの文化、宗教を押し付けようとしたのですが、ユダヤ人がそれに応じませんでしたので、迫害されることになったのです。しかし律法と契約への忠実さの故に、信仰を死守した個人が迫害されたのです。政策に応じてギリシア化を受け入れたユダヤ人は優遇された。今まで民族が全部そのまま迫害されたりして苦しみがあったのですが、ここではそういうふうに、ギリシア化を受け入れるかどうかによって、ユダヤ人としての律法と信仰とを守ろうとすれば、迫害されることになりました。従って個人の受ける苦難は個人の受ける殉教であったのです。この不条理の中から個人の復活信仰が起こってきました。また人々は今までいろんな国の支配を受けたが、イスラエルの再興を望んで来ました。それは絶えず裏切られ続けて来ました。マカバイの反乱によって、一時再興されたかのように見られたのですが、再びローマの支配を受けるようになりました。すると、もうこういうふうな期待は抱かなくなりました。

そして黙示録的な終末への期待へと移行せざるを得なかった。つまりいわゆる〝世の終わり〟という考え方になって行きました。イスラエルの再興という考え方は望まなくなっていったのです。もちろんすべてのユダヤ人が、こういう終末期待、復活期待を持ったわけではありません。当時のユダヤの上流階級、支配階級は、その利益と地位を守るために、このギリシア化・ヘレニズム化を受け入れて来ました。その支配階級は祭司階級と貴族なのです。神殿に仕える祭司は、祭儀は行いながら、考え方や生活態度は全くといっていいほど、ギリシア化を受け入れていたのです。従って復活も終末もメシアも、信じなかったのです。これが**サドカイ派**です。サドカイ派が与党だとすれば、**パリサイ派**は野党であります。パリサイ派の人々は、復活も終末もメシアも信じました。しかしその復活信仰は、終末信仰と深く結び付いていまして、終末の時の復活でしか無かったのです。ヨハネによる福音書一一章、ラザロの甦りの個所です。

イエスさまがラザロの死んだことを知ってベタニアに来られる。これを迎えてマルタが、「主よ、もしここにいてくださいましたら、わたしの兄弟は死ななかったでしょうに」（同21節）とくりごとを言うわけです。そうするとイエスが、「あなたの兄弟は復活する」（同23節）と言われたのです。24節の「終わりの日の復活の時に復活することは存じております」、つまりマルタが言っているのは、主イエスが言われるような復活ではないのです。彼女は当時の人たちが持っていた終わりの時の終末の時の復活を信じていたのです。しかし、それでは人は死から解き放たれることはなかったのです。ですからラザロの墓の所で主イエスは、しばしば激しく感情を動かしている（「心に憤りを覚え、興奮して……」33節）。憤ってという言葉で表している所もあります。ということは、このように今もなお死が人々を捉えている事柄に対して、激しい憤りを表されたことであろうかと思います。こういうような中から、つまり旧約聖書には、紀元前二〇〇年位まで復活という考え方もそれから死後の生という考え方も全くなかったのです。そういう中に、キリスト教が生まれてくることになったのです。これは非常に驚くべき事柄になるでしょう。それこそ正に死というものを、乗り越えようという事柄が起こってきたのです。そうしますと私たちの生も、はじめて本当の意味を持つようになると思います。


天の父なる神さま。

私どもにとって真に重要な、「死と生」について、乏しい考えをお話させていただきました。まことにあなたは命を造り出された方でありますので、私たちはそこに込められている深い意味合いを悟り、知らされますように導きを与えてください。

そのことこそ、私どもに永遠の生命を継げる者であることを、覚えさせていただくことができますようにお願いいたします。どうか今日は多くの方がお見えになることができませんでしたが、あなたのお導きがお一人おひとりの上に、豊かにありますようにお願いいたします。

この一時《ひととき》を感謝し、主イエスの御名によってお祈りいたします。アーメン。


（一九九七・四・十八　南沢集会）

8　死と生（2）

ローマの信徒への手紙六章1～11節

死と生（2）

　では、どういうことになるのか。恵みが増すようにと、罪の中にとどまるべきだろうか。決してそうではない。罪に対して死んだわたしたちが、どうして、なおも罪の中に生きることができるでしょう。それともあなたがたは知らないのですか。キリスト・イエスに結ばれるために洗礼を受けたわたしたちが皆、またその死にあずかるために洗礼を受けたことを。わたしたちは洗礼によってキリストと共に葬られ、その死にあずかるものとなりました。それは、キリストが御父の栄光によって死者の中から復活させられたように、わたしたちも新しい命に生きるためなのです。

　もし、わたしたちがキリストと一体になってその死の姿にあやかるならば、その復活の姿にもあやかれるでしょう。わたしたちの古い自分がキリストと共に十字架につけられたのは、罪に支配された体が滅ぼされ、もはや罪の奴隷にならないためであると知っています。死んだ者は、罪から解放されています。わたしたちは、キリストと共に死んだのなら、キリストと共に生きることにもなると信じます。そして、死者の中から復活させられたキリストはもはや死ぬことがない、と知っています。

死は、もはやキリストを支配しません。キリストが死なれたのは、ただ一度罪に対して死なれたのであり、生きておられるのは、神に対して生きておられるのです。このように、あなたがたも自分は罪に対して死んでいるが、キリスト・イエスに結ばれて、神に対して生きているのだと考えなさい。（ローマ六1〜11）

新約聖書における死生観

「死と生」という題で、お話が長くなりましたが、新約聖書における死生観について述べておきたいと思います。

古代ギリシアでは、人間の世というものは、それ自体で考えられることがありませんので、自然という枠の中で捉えられていました。また人間の生は、意思や目的意識、あるいは道徳的価値というようなものによって、意味づけられるものではなく、自然の一部として自然の支配に委ねられているわけです。このギリシアの考え方は、私たちが生活を営む感覚可能な世界、すなわち現象界と言いますが、その現象界はコスモス（kosmo）という一つの統合体として捉えられました。このコスモスというのが、現在世界というような意味になっているわけです。と同時にこのコスモスが無秩序ではなくて、そこには秩序があることを発見しました。古代ギリシアというのは紀元前のことであります。この秩序というのは、非人格的な秩序であります。私たちが秩序という場合、神が定められた秩序ですから、そこには人格性というのがあるわけです。ギリシア人が定めました秩序というのは、非人格的な秩序ですから、意思とか目的性というものとは何の関係もないのです。そういう秩序を、古代の人たちはモイラ（写真、Moira 複数形になって、モイライ Moirai. ギリシア神話における「運命の三女神」ラケシス、クロートー、アトロポス）と名付けました。従って、人はこのモイラに人間の願い事あるいは利害に対しては、何の期待も持つことができなかったのです。それはもうそれ自体で何の人格性もないわけですから、それこそ鋼鉄のような秩序になるでしょうか。そこから古代ギリシアの人生観というものが出てくるわけで、人間の生と死というものが、その人自身の意図だとか企てとかは無関係、宿命的な力に支配されていると捉えたのです。現実には人間の生というものは、その人の意思とか企てによって左右されるのですが、しかし同時に、人には人間の力以上のものが働く。ギリシア人はそれをモイラという宿命

的な力として捉えたわけです。

そういうことがソフォクレス（ソポクレス、Sophocles, c. 497/6 BC～406/5 BC）というギリシアの三大悲劇の詩人の一人なのですが、その人の代表作が、『オイディプス王』（藤沢令夫訳、岩波文庫、一九六七年）という悲劇です。このオイディプスは自分のお父さんを殺し、自分のお母さんと結婚するというふうに運命づけられている人で、彼自身はそれを知らなかったのですが、捨てられてしまうの

です。そして拾われ、別の国の王様に育てられるのです。自分の子どものようにして育てられる。しかし、結局いろんな悲劇的な運命で、自分のお父さんを殺し、自分のお母さんと結婚することになってしまうのです。お母さんの方は大体知っているわけですが、彼は是非ともそれを知りたい。自分はどういう出生なのか知りたいという願いが募って段々判ってくるわけです。お母さんは自殺してしまうのです。罪悪感に苛まれた彼自身も、自分の目をお母さんの飾りピンで突き刺して失明してしまう。そういう悲劇の最後の所で合唱団が歌うのです。「どんな悪意のダイモーンが――ダイモーンというのは、悪魔と言ってもいいのですが、悪の力、魔力と言った方がいいかも知れません――めくるめく彼方の高みより飛び掛かり、幸《さち》うすきあなたの運命をさいなんだのか。」つまりこういう結果になったのはモイラのせいなのだという意味です。

従ってこのギリシアの人生観の中では、こういう事柄は非常に不条理なのです。ですからあくまでも悲劇で、罪の劇にはならないのです。死後の生については、人間は死ねば忘れられてしまうと考えましたから、モイラという宿命に弄《もてあそ》ばれている人間に期待する死後の生などあろうはずがありません。死ねばおしまい。人間は肉体と霊魂、ギリシア語ではプシュケー（psychē）と言います。人が死にますと、その人のプシュケー・魂は暗黒の地下界、死の世界ハデスに向かう。前回、ギリシア語のハデス（hadēs）には地獄という意味は元々ないことを申しました。今は地獄という意味で訳されていることが多いのですが、元々はそうではなかったのです。プシュケーはそのハデスに行く。肉体は野獣や鳥の餌食になってしまう。このプシュケーは、私たちは霊魂と訳しはするのですが、後にギリシア哲学の中に出てきますプシュケーとは全然違うものです。丁度ヘブライ語のルーアハ（rûah）という言葉が「霊」という意味もあるし、「息」という意味も持っていますように、このプシュケーも、「呼吸する」という言葉からきているのです。従って、人間が息を引取ると、その息は人間の陰影としてハデスにいく。プシュケーは何の実態もない影のようなもので、それが忘却の川を渡ってハデスに至る。プシュケーつまり霊は、死者についてのみいえる事柄だったのです。

少し時代が下がりますと、人について何かが残るとすれば、その人の名声ということになります。それは詩に歌われ、人の心に刻み込まれて残っていく。そういう形で、生き続けるという考えが出てきましたけれど、そういう意味では数少ない英雄だけが永世、つまりいつまでも長く残るということを得るわけです。大多数の凡人には関係ない。この時代ホメーロス（Homêros）あるいはホンマーとも言っていますが、ホメーロスなどの詩人によって数々の英雄物語が歌われるようになりました。こういう形で英雄たちは残る、名が残るというわけです。

やがてこのことは、都市国家ギリシアは——国と言いましても都市国家ですから——、その都市国家に対して貢献した人たち、つまり都市国家のために命を投げ出した戦士たちを、英雄というように意味するようになりました。さらには政治的、文化的貢献に対しても永世が認められるようになってきました。しかし、都市国家が不安定となり、崩れてしまうかどうかということになりますと、非常に宿命的、虚無的な人生観がはびこって来ることになるわけです。これが丁度、紀元元年前後位のギリシアの状況ということがいえます。このことに対して霊魂・プシュケーについての哲学的な信仰が段々起こってきて、それにプラトンの哲学です。プラトン以前にも哲学というものはあったのですが、大体ギリシア哲学というと、このプラトンあたりから始まることになります。その霊魂観というのは、今まで申しましたのとはちがった所から発しており、詳しくは述べませんが、当時の密儀宗教（秘密の儀式をもった宗教）、オルペウス教（Orphism, Orphicism）というのがあって、そこから来ているようです。それによると、霊感つまりプシュケーは、生きた人間の本質をなすもので、体という殻の中に閉じ込められているけれども、そこから解放されることを願っている。肉体は悪であるがプシュケーは善である。肉体は仮の宿であるが、プシュケーこそ人間の本質であって、それによって新生につながっていく（輪廻転生により肉体的生を繰り返す運命）。ただオルペウス教では、秘密の儀式によって、体の内にプシュケーがある時からプシュケーを清めて、肉体を離れる時に備えるのがその教義ですが、プラトンは、哲学的な思索によって自分を清めたため、真の知識イデア（idea）の世界に帰ってくるように、あるいは体の中にまだありながら、体は抜け殻のようになり、プシュケーのみの生き方になるように準備すると考えたわけです。ですから当然プラトン主義というのは、禁欲的な生活を要求することになります。これ以後有名なストア派とかエピクロス派が出てきました。エピクロス派は、エピキュリアと言いまして快楽主義と訳されていますが、そうではなく、これも非常に禁欲的な教派で

す。だから禁欲というものの目的が一寸違うというだけで、いずれも禁欲的な生活を要求するような考え方がでてきます。こういうギリシア哲学の考え方が、ユダヤ教、とくにアレキサンドリアのディアスポラ——デイアスポラというのは離散ということです——北アフリカのアレキサンドリア、そこに離散している人たちの間にあったユダヤ教、さらには初期キリスト教に多大の影響を与えました。有名なユダヤ人哲学者アレクサンドリアのフィロン（写真、Philon Alexandrinus, c.B.C. 20/30～c.A.D. 45/50）をあげることができます。

初期のキリスト教について述べますと、その影響がコロサイの信徒への手紙あるいはヘブライ人への手紙などに顕著に現れております。大体ある実態の影のようなものだという言い方をしている所は、大体ギリシア哲学の影響の元におかれているのです。ついでながら申しますと、ヨハネによる福音書は、フィロンの影響が強いと思われていたのですが、確かにグノーシス（gnôsis）的な用語をとりいれてはいるのですが、とくにギリシア哲学ではロゴス（lógos）ということをよく言いますので、ヨハネによる福音書の最初にロゴスという言葉が出てきますから、そう言われていたのです。しかし今日このヨハネによる福音書は、形の上ではそのような用語を取り入れていますが、信仰的にはあくまでもヘブライ的であると受け取られています。いずれにしましても、キリスト教の中にも、ギリシア哲学の霊肉二元論というのが入って来まして、霊魂、精神の尊重、肉体、物質の蔑視というような事柄が、キリスト教の考え方だと思いこみ、あるいは思い込まれているところがあります。しかし、キリスト教には、霊肉二元論というのは存在しませんし、霊魂の不滅という考え方もないのです。

先にも述べましたように、ギリシア思想では人間の本質を、プシュケーだけ見まして、肉体は仮の宿、そして高貴なプシュケーによっては、牢獄に等しいものと見たのに対し、旧約聖書を継承しましたキリスト教では、霊と肉とは分けることはできない同一体であると。人間というのは、従って肉体の死後、プシュケーだけが残るとは、考えられていないのです。これはもう聖書の中に、何かこう肉体は死んでも、霊魂だけがどこかに行くのだと考えられていましたけれど、そういうことはないのです。また不滅とか不死とかということは、永遠性につながることでありますから、神にのみ属することで、すべての被造物が有限であり、従って死ななければならない存在となります。ですから人間については、不滅とか不死とかいうことはありえない。とすれば肉体だけでなく、霊魂も死を免れることはできない、こう捉えられています。キリスト教の神は、ご承知のように天地の創造者である唯一の神であります。このことは全ての被造物《もの》は、この神において存在していることを意味しています。この根拠なしには全てのものは非存在になってしまう。そして命もまた、神の創造によると捉えられています。

創世記二章7節に「主なる神は、土（アダマ ʼ^{a}dāmāh）の塵で人（アダム ʼādām）を形づくり、その鼻に命の息を吹き入れられた。人はこうして生きる者となった」とあります。

先ほど述べましたように、この「息」と訳されているのが、ネシャマー(n^{e}shāmāh) ですが、元の言葉ではルーアハ (rûah) です。それは霊を意味するようになったのですが、ここではそこまで意味していないと思います。ただ、命は神によって与えられたことが、ここでは言われているのです。従って命は善であり、また祝福であることになります。(写真、アダムの創造、ミケランジェロ・ブオナローティ、Michelangelo di Lodovico Buonarroti Simoni, 1475～1564)

にもかかわらず旧約の信仰、キリスト教の信仰の中では、人間が死ぬべき存在であることを、疑ったことが一度も無かった。どのようなものにも死は訪れる。そこには何の差別も区別もない。ここでこれに対する二つの反応が表れてきました。旧約においては、人は先祖と共に葬られることを願ったのです。古代の人の生活は、一般的に苦しいものであったということは疑いがありません。今日のように、楽に暮らせるようなことではなかったのです。聖書を見ますと、ヤコブがヨセフに呼ばれましてエジプトに行きます。エジプトのファラオに会いまして、ファラオから「あなたは何歳にお

なりですか」（四七8）と聞かれて、答える個所がでてきます。そこでヤコブは言います。「わたしの旅路の年月は百三十年です。わたしの生涯の年月は短く、苦しみ多く、わたしの先祖たちの生涯や旅路の年月には及びません」（同9節）と。多少ファラオに対しての遠慮みたいなものがあったとは思いますが、しかしいずれにしても、私の生涯の年月は短く、苦しみ多くというのは、嘘ではなかったと思われます。

詩編九〇編、これはお葬式の時によく読まれる聖書の個所ですが、詩人はこう歌っています。

人生の年月は七十年程のものです。
健やかな人が八十年を数えても
得るところは労苦と災いにすぎません。
瞬く間に時は過ぎ、わたしたちは飛び去ります。（同10節）

口語訳では「健やかであっても八十年でしょう。しかしその一生はただ、ほねおりと悩みであって、その過ぎゆくことは速く……」という言い方になっております。何かこれだと八〇年の方は、得るところは労苦と災いにすぎませんから、とはずれているみたいな感じがしますけれど、そうではないようです。人は土に、あるいは塵に帰る。けれどもそれはむしろ憩いを得るということであったようです。

創世記四九章、ヤコブは死を前にして、自分を先祖たちと共に葬って欲しいと願いまして、33節「ヤコブは、息子たちに命じ終えると、寝床の上に足をそろえ、息を引き取り、先祖の列に加えられた。」これは死というものが、一種の休み、憩いであると捉えているところです。このような考え方は、新約聖書ヨハネの黙示録一四章13節、「また、わたしは天からこう告げる声を聞いた。『書き記せ。「今から後、主に結ばれて死ぬ人は幸いである」と。』〝霊〟も言う。『然り。彼らは労苦を解かれて、安らぎを得る。その行いが報われるからである。』」このように一方において、死というものが、安らぎであると捉えられているわけです。しかしその反面、死が何人にも、隔てなく来ること程、不条理と見られる面はなかったわけです。これはコヘレトの言葉（「伝道の書」：口語訳書名）にあります。

一二章16節「賢者も愚者も、永遠に記憶されることはない。やがて来る日には、すべて忘れられてしまう。賢者も愚者も等しく死ぬとは何ということか。」

一二章7〜8節「塵は元の大地に帰り、霊は与え主である神に帰る。なんと空しいことか、とコヘレトは言う。すべては空しい、と。」そしてコヘレトはこういう言葉で結んでいます。13節、「すべてに耳を傾けて得た結論。『神を畏れ、その戒めを守れ。』これこそ、人間のすべて。」ですからもう、神を恐れるというか、敬うということ以外、それに従うということ以外、何もない。コヘレトの言葉は、一種の哲学書みたいなものでして、人生についての、色々な考え方をまとめたものなのですが、はなはだ虚無的ではあります。

ですが、ことの思索の行き着いた先が、この言葉であったのではないかと、私は思っております。人が死を恐れるというのは、一体何故なのか。それは本能的なものなのか。ある人は、死そのものは怖くないけれども、そこに至るまでの苦しみや痛みが怖いという方もあります。

もうだいぶ前になりますが、教会に、ご婦人がご主人と一緒に尋ねて来られました。「癌だ」と言われまして、薬を体内に環流するための小さな機械を付けて来られたのです。「自分は、死ぬのはちっとも怖くない、どうせ死ぬのだから。けれどそこに至るまでの苦しみや痛みが怖いのです。だから、教会へ来たいのです」と仰ったのです。求道中に病気が悪化しまして、入院されることになり、「洗礼を受けたい」と言われました。私は、「教会まで来るのは無理でしょうから、病床で洗礼式をしましょう」と言ったのですが、何としても教会に行きたいといって、車椅子に乗って、その環流装置をつけたままでお出でになり、洗礼式を受けました。それから後は非常に平安でした。そのような方もおられました。

今はこの様な苦痛というものは、かなり取り除かれるのですね。ホスピスに入りますと、大抵《たいてい》薬を使って、痛みを弱くすることができる。そういう方法を取ってくれるようです。にもかかわらず多くの人々にとって、死は受入れがたいものです。それは死というものが、自分のあらゆる可能性の終わり、自分の意思の否定であるからでしょう。人は死に対して怒り、拒否し、抵抗し、取り引きしようとする。しかしいずれも成功することはない。受入れがたいと拒否すればするほど、苦痛が増すことになるの

です。死に対する恐れは、消滅ということでしょうか。存在したものが、まるで存在しなかったように、消えてなくなる。人はそこに、死が存在のすべてを飲み込んでしまうというように、虚無の穴を見た。確かにその人の存在は、覚えられたりするのですけれども、覚えてくれた人とかも、やがてはいなくなる。

前にも述べましたように、墓を建てることは——お墓という言葉は、記念碑という意味もあります——一種の記念碑を建てるようなものです。長く残るようにと。時々引用する、アメリカの自殺予防センターを創設しましたE・S・シュナイドマンの『死の声—遺書・刑死者の手記・末期癌患者との対話より』(白井徳満、幸子共訳、誠信書房、一九八三年)という本があります。これはいろんな形の死をとげた人の最後の言葉、遺書等を集め、短い解説をつけたものです。シュナイドマンは、「どんな人も残す言葉がある」と言っています。『死の声』の前書きに、こんな言葉が書いてあります。

　私を不安に陥れる最大のものは、一切が失われ、虚無に帰するということである。愛する人たちを、後に残し、この世に存在したことがなかったかのように、消え去り、忘れ去られる。私が死ぬとやがてそうなることを知っている。それにもかかわらず私は、他の人々、とくに私の子供、そして私の子供のそのまた子供、その頃になると私は知りようもないのですが、その人々の心に残される私の評価と思い出、すなわち死後の自己というものに、深い関心を抱く。いつかこの本が、私の死後に読まれるということを期待している。

しかし、こういうものを持てない人は一体どうするのだろうか。これがこの『死の声』を集めようと思いたった理由です。その人たちの声をとどめておこうという。そう言ったものの、ただ単に人間が死を恐れなくなったらどうなるか。前にも言いましたが、女性雑誌『CREAクレア』の、調査によりますと、死を恐れないという人が、増えてきているのです。理由は、「どうせ何もなくなってしまうのだから、恐ろしくない」と言っているのです。私は、こういうふうに言う人が、多くなって来ていることが、恐ろしいと思うのです。そうなれば、人はもはや生の価値を正しく理解できないであろう。人は安易に、衝動的に命を捨てるようになるだろう。自分の命を軽々しく取り扱う人は、当然他の人の命も、軽々しく取り扱う。

創造の神は、生命を与えられた。しかし、神は人を死すべき者とされた。そのことによって人は命のかけがえのない貴さというものを認識する。これはパラドックスです。しかし、これが人の死と生のダイナミズムであろうと、私には思えるのです。人は死において、自分の生を確認します。人は死において、自分にとって一番価値あることは何かを認識する。人は死において、生きることの意味は何かを発見する。

石川正一《しょういち》という筋ジフトロフィーを病んで二三才と十一か月で生涯を終えた人の記録『たとえぼくに明日はなくとも——車椅子の上の17才の青春』(立風書房、一九七三年)があります。彼は言うのです「自分の寿命は、後何年かということがわかると、自分の本当にしたいこと、成すべきことに、取り組むことが出来る」と。そういうものかなあーと私も思います。またこんな文章もあります。

たとえぼくに明日はなくとも
たとえ短かい道のりを歩もうとも
生命は一つしかないのだ
だから何かをしないではいられない
一生けんめい心を忙しく働かせて
心のあかしをすること
それは釜のはげしく燃えさかる火にも似ている
釜の火は陶器を焼きあげるために精一杯燃えている　(二一二頁)

さて、聖書はそれにとどまらず、死を罪との関係において理解しました。パウロは、ローマの信徒への手紙六章23節「罪が支払う報酬は死です。しかし、神の賜物は、わたしたちの主キリスト・イエスによる永遠の命なのです。」またコリントの信徒への手紙一、一五章55節、「死よ、お前の勝利はどこにあるのか。死よ、お前のとげはどこにあるのか」と彼は記しています。ここで申しておかねばならないのは、聖書のいう罪とは、法律違反でも、道徳違反でもありません。それは真実の根源的な罪からくる、現象的な罪です。聖書の罪は、関係概念です。つまり聖書の罪は、神との関係が正しくないこと、神からの離反を意味しています。法律や道徳に違反していなくても、この神との関係が正しくない、つまり神から離れていれば、それを罪というのです。人間社会の、そして私たち自身の諸悪というものは、そこから生じて来るのです。聖書は生物学的、身体的な死というものを、罪に対する罰だとは見ていません。しかし、神からの離反の中に、死の相を見ています。反対に、神との正しい関係にある中に、生の相を見ています。従って、新約聖書の中で「死」が言われる時、それは、単に生物学的、身体的な死だけを意味してはいません。また「命」が言われる時にも、それは生物学的、身体的な命のことだけを、意味していないのです。

マルティン・ルターに、優れた詩編九〇編の講解（『生と死について―詩篇90篇講解』金子晴勇訳、創文社、一九七八年）があります。小さいものですが、非常に優れた本です。その始まりに彼はこう書いているのです。「律法の声は、生の最中にあって、我々は、死の内にあると、安心しきった者たちに、不吉な歌を歌って戦慄させる」この生の最中にあって、我々は、死の内にあるというのは、ある賛美歌の

言葉です。しかし、他方「福音の声は、死の最中にあって、我々は生の内にあると歌って力づける」とルターは言います。共観福音書（マタイ、マルコ、ルカ）には、明白に死生観というものは表れていません。

主は、しばしば死んだものを生き返らされる奇跡を行われたのですが、それは、不死を与えられたのではない。御自分の復活、あるいは、人が新たに生きること、つまり死は終わりでないことの予兆、しるしとして生き返らせることはなされているのです。フィリポ・カイサリアでの、ペトロの告白の後に、御自分の死と復活を予告された時に、いさめようとするペトロを、叱りつけて言われたのです。「わたしの後に従いたい者は、自分を捨て、自分の十字架を背負って、わたしに従いなさい。自分の命を救いたいと思う者は、それを失うが、わたしのため、また福音のために命を失う者は、それを救うのである」（マルコ八34～35）。これが言いたいことを、先ほど歌いました賛美歌四七八番 —— これは英国の五大賛美歌作家の一人、ジェイムズ・モントゴメリー（写真、James Montgomery, 1771 ～ 1854）という人が作ったのですが —— そこに歌われておりますこの詩は、現在は葬式時の歌になっていますが、もともとの題は、「生死の帰結」という題です。つまり、色々の死の悩みに陥る人たちを、慰め励ますために書かれたものでありました。その3節に、「死ぬるも死の　終わりならず、生けるもいのちの　またきならず」と歌われています。ですから、命を救おうと思う者は、それを失い、わたしのために命を失う者は、それを救われる。この様に主イエスは言われたわけです。主は私たちにとって、キリストに結びつかない命というものは、滅びでしかないことを示されたのです。そして主は復活、つまり私たちが、新しく生きることを神の国、または天国、つまり永遠の生命について、お語りになられます。私どもは、神の国とか、天国をかなたにあるように考えていますけれど、そうではありません。これは、永遠の生命の別の言い方なのです。永遠の生命のことは、また後で述べます。

永遠の生命のことは、ヨハネによる福音書において、一層強調されることになってきます。そしてこのことは、パウロにおいて徹底的に取り上げられるのです。私たちは、このことをいわゆる信仰上のこととしてのみ、捉えてはならないと思います。つまり、新しく生きるとか、神の国、天国、あるいは永遠の生命を与えられるというような事柄を、信仰上の事柄と捉えてはならないのです。これは、私たちの生の現実の中にあるのです。

ですから、キリスト教信仰は精神主義ではない、と私は捉えています。生命あるものは、絶えず成長する。成長の過程において、いくつかの段階を越えなければなりません。成長の機会であると共に、成長の危機でもある。生命あるものは、成長への内的な推進力を持っています。心理学はそれを「生の本能」と呼びます。成長は、青年期までで終わるのではないのです。そうではなく、その人の生涯に渡って絶えずあるのです。今日では、死も成長の終わりではなくて、人間としての成長の最終段階と捉えています。ところが、人間にはこの推進力と正反対に働く力があるのです。成長というのは、

いつも未知の領域に向かってなされる。そこに生ずる不安と恐れ、困難からの尻込み、安全にしがみつこうとする思い。そういうものが、人生の成長の初段階で無数に表われる。その時、人はロトの妻のように、塩の柱になって動けなくなる（創世記一九26）。

イスラエル旅行に行きました折り。夕暮れでしたが、死海のほとりにソドムの山があって、そこにロトの妻で、塩の柱になったという岩（写真）があったのです。夕方で暗くなっていましたから、シルエットというより、ちらっと見えただけでした。本当にこういうような、不安と恐れ、困難からの尻込み、安全にしがみつこうとする思いというようなものが起こりますと、人はそこで塩の柱になってしまう。何もかもが駄目になるということが起こります。このことは、心理学的には、「死の本能」と呼ばれています。これは、人間の心理的現象であるだけではなく、社会的現象でもあります。死に捉えられた人間は、他の人をも死によって捉えようとし、その人から命を奪ってしまう。神は人に命を与え、成長へ向かわせられる。その力は、神から与えられたものです。従って、神から自分を引き離すというところに、死は始まっていることになります。

ある人は、このような尻込みは、誘惑であり、悪魔的であるとさえ言っています。そして死において、悪魔の支配を見ました。ヘブライ人への手紙二章14〜15節に、「死をつかさどる者、つまり悪魔を御自分の死によって滅ぼし、死の恐怖のために一生涯、奴隷の状態にあった者たちを解放なさるためでした」とあります。また同一〇章37〜38節にこう言ってます――ここはハバクク書二章2節の七〇人訳聖書（LXX）から引用しています――。「もう少しすると、来るべき方がおいでになる。遅れられることはない。わたしの正しい者は信仰によって生きる。もしひるむようなことがあれば、その者はわたしの心に適わない。」つまり、ひるむ、たじろぐ、あるいは尻込みするということができるでしょう。しかし、私たちはひるんで、たじろいで、あるいは尻込みして滅びるものではなく、信仰によって命を確保するものです。

ヘブライ人への手紙は、尻込みやたじろぎという事柄は、これは死を来たらす、と理解していたわけです。ヨハネによる福音書一一章、ラザロの生き返りの章ですが、33節にイエスが、「心に憤りを覚え、興奮して」という個所が出てきます。また38節にも、「再び心に憤りを覚えて」とあります。この言葉は、非常に激しい感情の動きを表す言葉です。叱りつけるというような意味もあるようです。しかし、主イエスは、マリアをはじめ人々が泣いているのを見て、咎められたのではない。というのは35節に、「イエスは涙を流された」とあります。するとこういうふうに激しい感情の動きを、表されたことの可能性は、こんなにまで死が人々の心を支配していることに、激しい憤りを覚えられたのだろう、ということになります。

主はマルタに、「あなたの兄弟は復活する」（23節）と言われ、また、「わたしは復活であり、命である。わたしを信じる者は、死んでも生きる。生きていてわたしを信じる者はだれも、決して死ぬことはない。このことを信じるか」（25〜26節）とこう言われたのです。マルタはその時、「はい、主よ、……わたしは信じております」（27節）と、こう言ったのです。前にも述べましたように、この信仰は、一般のユダヤ人が信じていたように、終わりの日、復活の時、復活するという信仰でした。しかし、そういう信仰は、ここでは何の役にもたたなかったのです。依然として人々は、死の支配に捉えられていたのです。先ほどヘブライ人の手紙を引用しました。「死をつかさどる者、つまり悪魔を御自分の死によって滅ぼし、死の恐怖のために一生涯、奴隷の状態にあった者たちを解放なさるためでした」と。こういう奴隷の状態にあったことに対する憤りと言えるでしょう。

さて、パウロは律法と深く関わっていた人でありましたので、その面から死を理解しました。「律法を実行することによっては、だれ一人神の前で義とされないからです。律法によっては、罪の自覚しか生じないのです」（ローマ三20）。つまり「わたしは、かつては律法とかかわりなく生きていました。しかし、掟が登場したとき、罪が生き返って、わたしは死にました。そして、命をもたらすはずの掟が、死に導くものであることが分かりました」（同七9〜10）。それが正にルターが言った「律法の声は、生の最中にあって、我々は、死の内にあると安心しきった者たちに、不吉な歌をうたって戦慄させる」ということであります。罪の自覚とは、神との関係が断絶しているという自覚です。死とは従って滅びでしかないことを意味します。

パウロは、ローマ人への手紙で、「わたしはなんと惨めな人間なのでしょう。死に定められたこの体から、だれがわたしを救ってくれるでしょうか」（七24）と言っています。「死に定められたこの体」ですね。パウロは、旧約のヘブライ的な考え、生物学的・身体的な死を滅びと捉えることを捨て切ったわけではありません。人を滅びへと向かわしめる精神的なものとするという、両方の意味をもって用いています。ですから、私たちはここを読む時に、この言葉の中には両方の意味、つまり具体的なものと精神的なものの両方があることを、見失わないようにしたいと思います。この二つは、非常に深く関わり合っています。神との関係では断絶、精神的な死では、生物学的、身体的な死を一層耐え難いものにするばかりではなく、実際に生物学的・身体的死に至らせるものです。ですから、精神的に死を死んだ者は、生物学的・身体的に、死はほんの一歩ということになります。

パウロは、主イエス・キリストの死と復活に、罪と死からの解放を見ました。それは私たちの罪が、キリストの死において、神との関係の断絶が、キリストにおいて結び直されることでありました。それが神の義であり、私たちが義とされることの意味なのです。しかし、パウロはそれだけではなく、このキリストの死に与《あずか》るなら、私自身が罪に対して死んだ者となり、同時にキリストの復活によって、私たちも新しい生命に生きる者になるのだと理解しました。先はど読んでいただきましたローマの信徒への手紙六章の初めの部分が、そのことを私たちに伝えております。ですからこの古いものが、キリストの死と共に死んだのだ。主と共に死んだのだという事柄は、律法において死んだのだ。つまり死において死んだのだと、パウロは言っているわけです。それと同時に、このことはキリストの生に与《あずか》ることであって、キリストの生命を受けているのだ、と彼はこう言っているわけです。

(写真、キリストの復活、ジョヴァンニ・ベリーニ、Giovanni Bellini, c. 1430～1516)

ですから私たちは、最早行く手に、死と呪いと消滅と滅亡を持っているのではなく、行く手には、永遠の生命を持っていることになります。ただパウロは、あのヘブライ的な考え、霊魂と体を一体のものとして捉える考えを持ちつづけました。従って、霊の甦りだけを語ることはありませんでした。霊の甦りを語ると同時に、体の甦りも語ったのです。ローマの信徒への手紙を見ます、こう書いてあります。

「神の霊が、あなた方の内に宿っている限り、あなたがたは、肉ではなく霊の支配下にいます。キリストの霊を持たない者は、キリストに属していません。キリストがあなたがたの内におられるならば、体は罪によって死んでいても、〝霊〟は義によって命となっています。もし、イエスを死者の中から復活させた方の霊が、あなたがたの内に宿っているなら、キリストを死者の中から復活させた方は、あなたがたの内に宿っているその霊によって、あなたがたの死ぬはずの体をも生かしてくださるでしょう」（八9〜11）と。ですから、霊の甦りと体の甦りを、彼は一つのものとして、時間的な差はあるかも知れませんが、一つのものとして捉えています。

こういうことをもっと詳しく語っているのが、コリントの信徒への手紙第一、一五章35節以下です。ここでは復活の体について述べています。この個所は、具体的に把握することは難しいのですが、キリストの命に与《あずか》り、キリストと共に生きることは、単に精神的なことでなく、具体的なことなのだということを覚えたいと思っています。そして、このことは終末においての事柄ではなく、すでに始まっています。私たちは新しく生きる、新しく生かされる。それは霊魂だけでなく、体もなのです。罪に対して死んだ者が、どうして罪の生活に留《とど》まり続けることができるだろうか、というような言葉が出てくるのはそういうことなのです。新しく生きることは、自分の体も新しくされたのだから、そこで、新しい生き方がなされるということになってまいります。

しかし、死者はどんなふうに復活するのか、どんな体で来るのか、と聞く者がいるかもしれません。愚かな人だ。あなたが蒔くものは、死ななければ命を得ないではありませんか。あなたが蒔くものは、後でできる体ではなく、麦であれ他の穀物であれ、ただの種粒です。神は、御心のままに、それに体を与え、一つ一つの種にそれぞれ体をお与えになります。どの肉も同じ肉だというわけではなく、人間の肉、獣の肉、鳥の肉、魚の肉と、それぞれ違います。また、天上の体と地上の体があります。しかし、天上の体の輝きと地上の体の輝きとは異なっています。太陽の輝き、月の輝き、星の輝きがあって、それぞれ違いますし、星と星との間の輝きにも違いがあります。

死者の復活もこれと同じです。蒔かれるときは朽ちるものでも、朽ちないものに復活し、蒔かれるときは卑しいものでも、輝かしいものに復活し、蒔かれるときには弱いものでも、力強いものに復活するのです。つまり、自然の命の体が蒔かれて、霊の体が復活するのです。自然の命の体があるのですから、霊の体もあるわけです。「最初の人アダムは命のある生き物となった」と書いてありますが、最後のアダムは命を与える霊となったのです。最初に霊の体があったのではありません。自然の命の体があり、次いで霊の体があるのです。最初の人は土ででき、地に属する者であり、第二の人は天に属する者です。土からできた者たちはすべて、土からできたその人に等しく、天に属する者たちはすべて、天に属するその人に等しいのです。わたしたちは、土からできたその人の似姿となっているように、天に属するその人の似姿にもなるのです。

兄弟たち、わたしはこう言いたいのです。肉と血は神の国を受け継ぐことはできず、朽ちるものが朽ちないものを受け継ぐことはできません。わたしはあなたがたに神秘を告げます。わたしたちは皆、眠りにつくわけではありません。わたしたちは皆、今とは異なる状態に変えられます。

……（一五35〜51）

永遠の生命は、キリスト教信仰の中心の一つです。ヨハネによる福音書三章16節に大変有名な言葉が書いてあります。

神は、その独り子をお与えになったほどに、世を愛された。独り子を信じる者が一人も滅びないで、永遠の命を得るためである。

このことはまた、神の国とも、天国ともいわれる所のものです。永遠の生命というのは、不死ではありません。永遠は本来、神について、キリストについてのみ用いられるべき言葉です。従って永遠の生命は、神であり、キリストの生命です。私たちが、永遠の生命を与えられるというのは、神と共に、キリストと共に生きるということです。そうしますと、永遠の生命は未来のことではなく、すでに始まっている事柄だといえます。そしてそれは、キリストと共に、神の救いのわざに与《あずか》ることです。神から離れては、私たちの成すことというのは、どんなに偉大な事柄のようでも、所詮《しょせん》は非の業であり、消滅すべきものです。しかし、神の業は永遠です。それに与《あずか》るなら、私たちの成すどんな小さな業も失われることはない。

パウロは「わたしの愛する兄弟たち、こういうわけですから、動かされないようにしっかり立ち、主の業に常に励みなさい。主に結ばれているならば自分たちの苦労が決して無駄にならないことを、あなたがたは知っているはずです」（Iコリント一五58）と語ります。

聖書は、永遠の生命を知っていたが故に、こういうことができた。こういうふうに私たちにいうことができるのでしょう。そこで私たちは、死というものをこう理解いたします。ある人は、この死の理解を、文法上の記号で表しました。

一つは終止符（ピリオド）です。終り。先はありません。ここでもうおしまい、というものです。それから先はもうないという考えです。

もう一つは、？疑問符（クエスチョン・マーク）です。最初に言いました孔子の弟子は、生も知らないのに、死のことなんか知る訳もない、と言ったのは？死は解らない。謎だ。

三番目は、！感嘆符（エクスクラメーション・マーク）です。ああ終わった。人生、苦しいと、もう早く終わりたいと思うでしょう。余りに苦しく、非常に恵まれない生涯を送り、最後非常に苦しんだ人がいまして、その死の瞬間をずーっと見ていたのですが、段々に息が遅くなって、そして、やがて息がきれる。その時に私は「あー、やっと終わったね」と言いたくなったのです。

でも、この三つは、いずれもそのことが、現在自分が生きている事柄と何の関係もない。むしろ、生きていることの意味を失わせているものになります。

これに対して、キリスト教の考えは、コロン（二重点）という形で表します。：コロンというのは、日本語にはもちろんありません。でも英語やドイツ語などには出てきます。三つ意味があります。

一番目は、文章は、さらに続きます。

二番目、その後に新しい文が続きます。前の文の続きではないのです。文章は続くのですが、新しい文が続くのです。

三番目、後の文章は、前の文章と密接に関連しているということを表しています。つまり、キリストによって新しくされた生命は続きます。その中で、地上の生活の終わりとしての体の死はあるのですが、それは命の終わりではありません。その体の死をも越えてなお命はあるのです。神は、現在の命も、これからの命も支配されます。しかし、これからの命は、現在の命、つまりどう生きるかということに密接に関わっています。

私たちは、死というものをこう理解するので、自分の生というものを、こういうふうに生きようと、そう願っているのです。このお話の最初に、生から死を考えるのではなく、死から生を考えるのだと述べましたのは、こういう意味であります。

天にいます父なる神さま。

二回に渡って、私たちの死と生について、考えさせていただき感謝いたします。まことに私どもは死すべき者でありますが、永遠の生命を与えられています。そのことの中で、やがては体の死を迎えるのですが、それでも、あなたから与えられた死は続きます。しかしながら私たちの中に賜った霊も、また私たちの体も、新しい命を与えられて生きることになると示されていることを感謝します。

未知のことでありますから、恐れや不安がないと言えば嘘です。しかしすべて、私たちの生も死も、あなたの御手の内にあることを、私たちはしっかりと覚え、さらに命は過ぎ去った世においても、今も、そして来るべき世においても、同じく続いています事実を、覚えることができますようにしてください。

永遠の生命の源であるキリストが、私たちと共にいてくださいますよう。主の御名によりお祈りいたします。　アーメン。

（一九九七・五・十六　南沢集会）

[附録] 十四年をふり返って（抄）

[収録内容]

日毎に、御言葉に聴従し、祈る礼拝としての生活

開拓伝道・交わり

魂への配慮ということ――共同体の形成

魂への配慮～アシュラムについて

日毎に、御言葉に聴従し、祈る礼拝としての生活

『しののめ』（東所沢教会月報）の編集部から、教会創立以降十四年間のことを自由に書いてほしい、と依頼を受けました。出来事だけ書くのではなく、いろいろの考えについても述べてみたいと思い、あまり気にしないで書くことにします。

本当は、東所沢伝道の起こりから書くべきなのでしょうが、……割愛し、すべては神の御配慮と、主イエス・キリストの恵みのお導きとだけ申しておくことにいたします。ただ、私は自分の意志を貫いたこともないし、他の人の意志に左右されたこともないことは、はっきりさせておきます。

東所沢教会開設当時のことは、十周年記念誌『平安をつたえる群れ』に記されているので、それを御覧いただくことにします。ただ、私には、どんな教会にしようという青写真はありませんでしたが、群れ――共同体を形成しなければ、という思いがありました。東所沢教会最初の礼拝説教題が、「平安をつたえる群れ」（『平安をつたえる群れ　神の息に生かされて』一九八八年、ヨベル、17頁以下参照）であったことはそれを示しています。これがその後、東所沢教会の標語とされたことは感謝です。

一九五二年（昭和二七年）、私が初めて正式に、主任担任教師となった小樽公園通教会での最初の礼拝説教で、「私のただ一つの願いは、真の教会形成であります」と宣言したと、『日本基督教団 小樽公園通教会七十年史』は記していますが、赤面するような恥ずかしさと共に、この願いはそれからの私の歩みの中で持ち続けられていたことを、思い起こします。とはいえ、それがどうすることであるのかは、長い模索を経ねばなりませんでした。

私がこのことに関心を抱き始めたのはいつ頃からなのか、今となっては明確ではありませんが、一九五一年（昭和二六年）に出版された、カール・バルト『教義学要綱』（井上良雄訳、新教出版社、一九五一年）がひとつのきっかけであったことは事実です。これはバルトの使徒信条講解ですが、その「教会を信ず」の項にこう記されているのに出会いました。「ルターのあの切望が実現されて、教会（Kirche《キルヘ》）という言葉の代わりに、教団（Gemeinde《ゲマインデ》）という言葉が出現したならば、それは非常な収穫であろう。」バルトはこのところで、もちろん教会という言葉にも、良いもの、真実なものを発見できるであろうが、ekklesia（エクレシア）という言葉は、明らかに一つの召喚によって成立した集団（Gemeinde）、会合を意味すると補足しています。ただ、井上氏の訳では、Gemeinde の訳語に「教団」を当てていましたので、私には共同体のことだとわかっていながら、深く心に留まりませんでした。ともあれ、これが一つのきっかけであったことは事実です。

心のどこかに、このことが引っかかっていたことは事実ですが、それが具体的な形で浮かび上がってきたのは、国分寺教会時代、聖書の学びに「**ベテル聖書研究**」を取り入れた時でした。この学びは、旧新約聖書を神の救済史として鮮明にしてくれると共に、その中心にあるイエス・キリストと、イエス・キリストによって呼び集められた群れに注目させてくれました。私はこの頃から、教会を宣教の共同体として捉えるようになりました。

今にして思えば、いろいろのきっかけ、示しはあったのですが、それらを統合して明確にすることはできませんでした。それは、私たちが今まで教会の中で受けてきた信仰的養いが、あまりにも個人主義的だったからです。福音理解や信仰のあり方、教会（共同体）における生活の仕方についてもです。詳しく述べることは控えますが、私一個の救いを確信し、孤高の信仰を貫くことが、キリスト者として求められる最高のあり方とされたのではないでしょうか。

私はこのことは、日本のキリスト教会の特殊な性格だと思っていました。ところが、最近、アメリカでもこうした個人主義的な信仰のあり方が問題とされ、また、ドイツでもこのことが真剣に取り上げられていたのです。前者は、S・ハワーワス、W・H・ウィリモン共著『旅する神の民』（教文館）であり、後者はクリスティアン・メラー『慰めの共同体・教会――説教・牧会・教会形成』（教文館）です。とくに、後者と時を同じくして邦訳出版された、メラー編『魂への配慮の歴史』第一巻『聖書の牧会者たち』（日本キリスト教団出版局）の中に、訳者加藤常昭氏はこう書いています。「それは、明らかに、キリストのからだとしての教会共同体を現実に形成し得なければ、新しい時代に対応できないドイツ福音主義教会再生の熱い祈りと結びついている」。

とはいえ、長い間個人主義的信仰にどっぷり浸かっていたキリスト教会にとって、これは容易なことではありません。私は、共同体の形成は、牧師の技術や能力の問題ではないと考えています。ここには三つのことが必要です。第一は、信仰理解の変革、第二は、群れ全体の意識の変革、第三は、群れとしての意識が具体的に表される場所の形成、です。そしてこの場所とは、礼拝と、御言葉の共有と聴従、そして祈りだと思っています。

東所沢教会を開設した時、共同体の形成を目指していたことは先に述べたところです。そこで私がまず心に留めたのは礼拝でした。プロテスタント教会が、御言葉を重視したことは正しかったのです。それゆえに説教を重んじました。ルターは「少しでも神の言葉が説かれず、祈りがなされないならば、キリスト者会衆は集まるべきではない」とさえ言いました。主日礼拝だけでなく週日の礼拝においても、連続聖書講義説教がなされました。つまりプロテスタント教会では、礼拝は説教礼拝だったのです。このことはやがて、主日礼拝を説教会にしてしまいました。リュティは「説教」に関する一文の中で、「『明日誰が説教を聞きに行きますか』。子供の時から私は、土曜日になるとよく、こういう質問をされました」と記しています。そう言えば、私たちも、「説教に間に合ってよかった」と言ったものです。しかし、それは果たして礼拝でしょうか。

私が南沢集会で礼拝について話したものが、『しののめ』に四回にわたって掲載されましたので、詳しくはそのほうに譲ります。ただ、その内容は祈祷、讃美、聖書、説教、主の祈り、使徒信条、献金、洗礼、聖餐、祝福、音楽（『豊かな礼拝を願って　主の栄光へ向かう群れ』ヨベル、二〇〇四年所収）など、礼拝の諸要素についての話と結びついているものだということを、付言しておきます。

一言しますと、説教だけが礼拝ではないということは、公同礼拝は、礼拝者一同によってなされるものだということです。かつて礼拝は、説教者によって左右されると考えられたものです。その後、奏楽者、司会者を加え、さらには礼拝当番（献金奉仕者）も含んで礼拝を構成するとされました。しかし、礼拝は共同体全体によってなされるものです。

さて私は、主日礼拝は、その日の御言葉が支配すべきものと考えています。この考え方は、教会暦と主日聖書日課から来ています。詳しいことを知りたい方は、私も共著者の一人である、『新しい教会暦と聖書日課』（日本基督教団出版局）をお読みくださるようにおすすめします。

こうして説教も含めて、礼拝における他の要素は、その日の御言葉に仕えるべきものとなります。そのつもりで讃美歌を選び、無理を承知の上で奏楽者にも選曲をお願いし、奏楽者も精一杯努力してくださったことを、心から感謝しています。私は心からなる讃美において、聖霊は働いてくださると信じています。従って讃美歌一八一の三節、「ささぐるうたには　ちからもなく、たたえのこえだにくちにいでず」というような礼拝に止まりたくないと思っています。このことに共同体の皆さんも応じてくださり、礼拝を力強いものとしてくださったことも感謝です。

説教者としての私が、東所沢教会を始めるに当たって心に決めていたのは、私が聖書から聴いたことを語ることに徹したい、御言葉の忠実な伝達者でありたい、ということでした。そのことの具体的な現れが、毎週説教をプリントしてお届けすることでした。これは大変なことというよりは、むしろ楽しいことでした。とはいえ、一四年間一回も休むことなく続けることができたのは、皆さんの有形無形のお励ましのゆえでした。そして聖霊は、御言葉が聴かれるところに働くものです。私は讃美のことと合わせて、このことがヨハネ福音書四章二三節、「本物の礼拝者たちが、霊と真理のうちにあって父を礼拝する時が来ようとしている。今がその時だ。事実、父は自分を礼拝する人々として、このような人々を求めているのである」（岩波版）ということの意味だと理解しています。

主日礼拝はそれだけで、力強く、慰めと喜びに満ちた共同体の礼拝となるのではなく、群れの一人ひとりの、日常の礼拝生活が確立されることを欠くことができません。日毎に、御言葉に聴従し祈る礼拝としての生活が、主日礼拝の根底にあります。このことがアシュラムを、共同体の活動のポイントに据えることとなりました（本書二六二頁以下で言及）。最初の一、二回を除いて、教会修養会をアシュラム形式で行うことにしたのはそのためです。「日毎に」という言葉にこだわらないでください。とてもそんなことはできない、と決めてかからないでください。三日坊主なら、三日坊主を何回も繰り返せば良いのですから。そして、続けさせて頂くのは、聖霊の助けと、共同体の兄弟姉妹の祈りの励ましによるのです。

これと関連して、「祈りの集い」について一言しなければなりません。記録によれば、「祈りの集い」が始まったのは、一九八八年四月二四日のことでした。それにはこんな理由があります。そのひと月ほど前でしたか、ひとりの若い女性が初めて礼拝に来られました。他の教会ですでに洗礼を受けられ、結婚して所沢に移って来られたのです。例によって、礼拝後のお茶の会にも残られ、いろいろ話しました。ところが三回ほど礼拝に参加された後、しばらくして、思い掛けなくこの方の訃報を聞くこととなりました。自殺されたのです。御母様の来訪を受け、夕食の買い物に行くと出られたまま、帰られなかったのです。御家族も思い当たることは何もないと言われます。このことは私たちにとってショックでした。たった三回だったとしても、ともに礼拝した方でしたから。心の中にどんな悩みを抱えておられたのか、なぜ察してあげることができなかったのか、どうしたら良いのだろうか。途方に暮れる中で、一人の兄弟が「祈ることから始めよう」と言ったのがきっかけでした。

私たちはこのような時、「話してくれれば良いのに」というのですが、人の心はもっともっと複雑で深いものです。人はむしろ、悩みが深ければ深いほど、沈黙するのです。私たちは「祈りの集い」を開き、一緒に、しかし一人ひとりが定められた御言葉を読み、いや、御言葉に聴き、与えられたところを分かち合い、祈り合うことにしました。御言葉は、自分が置かれている状況の中に響いてきます。それを一人ひとりが聴きます。御言葉は私たちに、慰めを与え、喜びを満たし、あるいは励まし、教え、戒めます。そして与えられたところを分かち合う時、私たちは今度は、他の兄弟姉妹の言葉に耳を傾けることとなります。その中に兄弟姉妹の悩み、願い、慰め、喜びの示しを受け取ります。そして祈り合いに導かれます。御言葉において、神と主イエスの真実を信じ、祈り合いにおいて私のために祈ってくださる人の真実を信じることができます。

私はこれらのことが、すべてうまく行っているとは考えていませんし、理想の形になって行くとも思いません。しかし、この思いで、継続することが大切なのではないでしょうか。そしてその時聖霊が、助け導いてくださると信じます。

開拓伝道・交わり

共同体のことを言えば、交わりのことを言わねばなりません。しかしそれに先立って、開拓伝道ということをふり返っておきます。私は今まで、開拓伝道はしたことがありませんでした。ただ、小樽公園通教会に赴任する前の四か月間、京都府の南端、木津川に臨む加茂町にあった伝道所、いや、正式に伝道所にもなっていなかったところで、開拓伝道の真似事をしたことがあります。当時、私は留学の願いを持って、京都で準備に当たっていました。ある日神学部長から、「加茂に行ってくれないか。留学するまででいいから」と言われ、承諾しました。E牧師が集会を始められ、教区も支援の予算を取ったが、亡くなられ、宙に浮いている。折角のことだから継続したい、というのです。もちろん、建物もなければ、信徒もいません。

一九五二年・昭和二七年のこととて、交通は不便でした。私は土曜日午後からでかけ、借りてもらった旧家の離れに泊まり、土曜日の夜は子供の英語教室、日曜日朝は日曜学校、そして日曜日の夜が集会でした。半農半商、あるいは普段は勤め、日曜日は農作、という町柄でしたから、集会は九時頃から、終わってお茶を飲みながら話をしていると、一一時、時には一二時になることも。そして月曜日の朝京都に帰るという生活でした。空いている日曜日の午後は、読書、訪問、時にはその家の浪人中の長男と、大和、奈良を散策しました。幸い四人の受洗者を与えられ、この地に小さなキリスト教の根が下りることになったのですか、私はある出来事を通して、開拓伝道はその地に本当に根を下ろすことなしにはできないことを思い知らされました。こうして私は留学を断念し、小樽へ行くこととなりました。その後、いろいろの形で、開拓伝道にかかわる機会がありましたが、心に留めさせられたことが二つあります。第一は、開拓伝道は共同体のわざとして、なされるべきだということであり、第二は、開拓伝道には、若い教職を送り込むより、ある程度経験を積んだ年配者が行くべきだということでした。その理由については今回は割愛します。

さて、キリスト教は最初から「交わりの宗教」でした。戦後間もなく、当時第三高等学校の先生をしておられた松村克己さんが、『交わりの宗教』と題するヨハネ書簡講解を出版されました。この方は後に京大教授になられ、やがて日本キリスト教団教師となり、その後関西学院大学神学部で長く教授をされました。私は、紙も粗末なこの本をむさぼるように読み、目を開かれる思いをしたものでした。先日、京都教会で、この松村さんの本を読み、入信したという方にお会いし、昔仲間に出会ったような思いがしました。しかし、共同体――交わりは、信仰をもって集まれば、あるのが当然というものでも、一度成立すれば、ずっと持ち続けられるものでもありません。それは絶えず分裂の危機にさらされています。聖書を読むと、指導者たちが、共同体を建て上げ交わりを守るために、どんなに苦心したかを知らされます。私は最近、ヨセフスの『ユダヤ古代誌』全6巻（ちくま学芸文庫）を読みました。前半は、天地創造から始まって、旧約聖書を忠実にたどりますが、出エジプトの出来事のところでは、共同体分裂の危機に当たってなされた、モーセの血のにじむような演説をしばしば挿入しています。ヨセフスがどこから資料を得たのか、それは彼の創作であったのか、わかりませんが、モーセがどんなにか苦しんだことは確実です。

主イエスも、共同体を建てるために心身を労されました。私はルカ福音書二二章24節に、決定的な一文を見ます。あの最後の晩餐の席上、「使徒たちの間に、自分たちのうちで誰がいちばん偉いだろうか、という議論が起こった」とあります。しかもこのような議論は決して一度だけではなかったのです。このことを踏まえて、ボンヘッファーは『共に生きる生活』（森野善右衛門訳、新教出版社、改訂新版、二〇〇四年）の中にこう書いています。「人々がいっしょに集まるとすぐに、彼らは互いに観察し、批判し、品定めをし始めるに違いない。だから、すでにキリスト者の交わりの成立の初めの時から、目には見えない、しばしば無意識のうちになされる、それによって交わりの生死が決定されるような恐るべき争いが起こるのである。『弟子たちの間に、議論が始まった』……これは交わりを破壊するのに十分である。だから、初めからこのような危険な敵に注意して、これを根絶することが、いずれのキリスト者の交わりにとっても、その生死をかけた重要なことである」。

もしヨハネ福音書の筆者が、このことを知っていて一三章を書いたのであれば、弟子たちの足を洗われる主イエスの心はどんなに痛んでおられただろうか、と思わずにはいられません。そうすると、私たちを父なる神と結びつけるために、主の十字架の死が必要であっただけでなく、人と人とを結びつけるためにも、主の十字架の死が必要だったのではないでしょうか。

福音書に続く書簡にも、共同体を建てあげるために、使徒たちがどんなに労苦し、涙をもって祈ったかが現れています。私はいちいち聖書の箇所を挙げることはしませんが、ひとつだけ言えば、使徒言行録二〇章28～32節を御覧ください。（「どうか、あなたがた自身と群れ全体とに気を配ってください。聖霊は、神が御子の血によって御自分のものとなさった神の教会の世話をさせるために、あなたがたをこの群れの監督者に任命なさったのです。わたしが去った後に、残忍な狼どもがあなたがたのところへ入り込んで来て群れを荒らすことが、わたしには分かっています。また、あなたがた自身の中からも、邪説を唱えて弟子たちを従わせようとする者が現れます。だから、わたしが三年間、あなたがた一人一人に夜も昼も涙を流して教えてきたことを思い起こして、目を覚ましていなさい。そして今、神とその恵みの言葉とにあなたがたをゆだねます。この言葉は、あなたがたを造り上げ、聖なる者とされたすべての人々と共に恵みを受け継がせることができるのです。」）

日本基督長老教会四日市教会堀越暢治《ほりこしのぶじ》牧師に、『神の愛と教会の交わり』（いのちのことば社）という著書があります。「愛の再検討」という副題がついています。先生は開拓の教会を、礼拝出席者一〇〇名を越える教会に育てられた方ですが、教会はある程度大きくなると、分裂してもとの木阿弥になってしまうという経験をされました。なぜ愛を説く教会でこうも人間関係がもつれるのか。牧師の管理能力のなさが指摘されるけど、それだけなら教会は愛を教えられているのだから、管理能力の不足は愛でカバーされてもよいはずなのに、実態はまったく逆なのです。そこから教会内における愛の再検討、いや、愛の誤解を認識されるのです。日本の教会が一〇〜三〇名にとどまってしまうのも、そこに原因があるのではないかという指摘には、頷かされるものがありました。

先述のとおり、キリスト教は交わりの宗教ですから、交わりということには大変関心があります。何とか交わりを創ろう、深めようとします。親睦会をしたり、話し合いの機会を持ったり、一緒に何かをしたりします。しかし、うまく行きません。仲良しグループがいくつかできるだけです。「私たちはとてもよい交わりを持っています」という人のそばに、それに入って行くことのできない人がいます。「積極的に飛び込んでくれば」と言われても、仲良しグループには入って行きにくいものです。「この教会には愛がない、交わりがない」という声が起こります。これは共同体にとって殺し文句です。教会の中がギクシャクしてきます。

私は愛ということに誤解があったように、交わりにも誤解があったと思っています。このことを先に挙げたボンヘッファーの『共に生きる生活』から示されました。詳しいことは省きますが、この本は彼が担当した牧師研修所の共同生活の中から生まれたものです。とてもよい本ですから、一読をお勧めします。

私たちは、私たちが交わりを創り出さねばならない、と考えています。しかし、キリスト者の交わりは、イエス・キリストを通して、イエス・キリストにあって、与えられているものです。私たちは、イエス・キリストを通して、イエス・キリストにあって、お互いに結びつけられているのです。このことは、イエス・キリストを抜きにしては、他の人を見ることも、他の人に近づくこともできないことを意味しています。

私たちは、特別な交わりの楽しい経験を求めたり、満足感を味わいたいと思ったりします。そうなると私たちは、交わりについての夢や理想を描くようになります。ボンヘッファーはこう述べています。「キリスト者の兄弟関係にとって、すべては、次のことが初めから明らかになっているかどうか、ということにかかっている。

第一に、キリスト者の兄弟関係は、理想ではなく、神の現実であること。第二に、キリスト者の兄弟関係は、霊的な現実であって、心理的な現実ではないということである」。

そして彼は、キリスト者の交わりが理想から出発したために、何回となく全面的に崩れ去ったと指摘し、こういうのです、「キリスト者の交わり自身よりも、キリスト者の交わりについての自分の夢を愛する者は、たとい個人的には正直でまじめで犠牲的な気持ちで交わりのことを考えようとしても、結局はキリスト者の交わり（共同体）の破壊者となるのである」。

私はこのことを最も端的に表しているのは、聖餐と考えています。Ⅰコリント一〇章16～17節にはこう記されています。

わたしたちが神を賛美する賛美の杯は、キリストの血にあずかることではないか。わたしたちが裂くパンは、キリストの体にあずかることではないか。パンが一つだから、わたしたちは大勢でも一つの体です。皆が一つのパンを分けて食べるからです。

開拓教会にとって、欲しいのは人です。受洗者はもちろんのことですが、他教会からの転入会者があるのは嬉しいものです。信仰経験豊富な方の転入は、教会にとって大きな力になります。しかし、N教会にとってはそうではありませんでした。この方は自分が良いと思うことを強く主張されます。それに同調する人もありましたが、受け入れられない人もありました。当然同調する人々は一つのグループとなり、他の人々と対立するようになりました。教会は混乱し、力を失い、人々は傷つきました。

この方と同調者数人が教会を離れられるに及んで、混乱は漸く収まったのです。私にとってこれは他山の石でした。私はお願いをしました。御自分の経験に基づいて、こうすべきだと押し出さないでください。むしろ、この人々と共に、神とキリストのために、また共同体のために何ができるかと考えてください、と。そして、自分もまた、そのように考えてきたつもりです。

私は交わり（コイノニア koinonia）には、三つの側面があると考えています。

第一は、「共にいること」です。もちろん、ただいるのではなく、キリストと共に、キリストにあって、です。主イエスが、弟子たちを呼び集められた理由の第一もそれでした（マルコ三14）。私は詩編一三三編1節を思い起こします。

　　見よ、兄弟が共に座っている。
　なんという恵み、なんという喜び。

私は真面目なキリスト者が、往々にして交わりを軽蔑する傾向にあるのを残念に思います。確かに人は淋しいから、孤独を恐れるから、気晴らしの交わりを求めます。そこに本当の交わりがないことは事実です。しかし、私たちがキリストによって群れの中に召されたのも事実です。ボンヘッファーは、「ひとりでいることのできない者は、交わりに入ることを用心しなさい」というと同時に、「交わりの中にいない者は、ひとりでいることを用心しなさい」と言っています。

第二は、「共にあずかること」です。キリストの福音に、キリストの恵みに、キリストの救いに、キリストの慰めに、そして喜びも悲しみも、楽しみも苦しみも、共にあずかることです。

第三は、「共にすること」です。このことは、交わり（コイノニア）とは互いに仕えあうことだということを示しています。ともすれば教会の中でさえ、よくできる人が重んぜられ、あまりできない人は軽んぜられる傾向があります。しかし、群れの中では、「私ができるから、私の言うとおりにしなさい」ということも、「ヤッター！」という達成感も、無用のことです。

将棋の名人升田幸三氏が、江戸末期の「棋聖」と謳われた天野宗歩《あまのそうほ》（一八一六〜一八五九）の棋譜について言った言葉を思い出します。「彼の将棋は強かったというだけでなく、歩の端々に至るまで、勝利の喜びを味合わせようという配慮に満ちていた。」さしずめ、私たちでいうならば、群れのすべての人々が、共にキリストの勝利にあずかるように配慮し合う、ということになるでしょう。

こうして共同体を形成せしめるのは聖霊と御言葉とです。私たちが使徒信条において、「われは聖霊を信ず」に続いて、「聖なる公同の教会、・・・・を信ず」と告白するのは、決して偶然ではありません。私たちは、自分と、他の人と、共同体の中における、聖霊の働きに対する感性を持つようにされねばなりません。そして聖霊と御言葉とは不可分離です。御言葉は、キリスト者として、同時に群れとして、聴かれることを求めています。御言葉が御言葉として聴かれる時、御言葉は共同体の中で働きます。

こうして御言葉は出来事となります。私たちはそのことを見させて頂いたのです。

魂への配慮ということ――共同体の形成

東所沢教会の始まりを……（中略）少し書いてみたいと思います。

「開拓伝道、それはあまりにも重々しき言葉」。これは沢崎堅造《さわざきけんぞう》（一九〇七～一九四五年、経済学者、『新の墓にて　キリスト教詩文集』、未来社、一九六七年）の詩「新の墓にて」の一節から借用したものです。沢崎の詩では「蒙古伝道」です。これが私の偽らざる印象です。私が六一才で開拓伝道に転じて以来、いろいろの方が開拓伝道に転ぜられました。「山下でさえあんなにやれるのなら、私にはもっとよくやれるはず」と感じられたとすれば、私は申し訳ない気がします。敬愛するI牧師が大教会を辞任され、――私は彼の名誉のために申しておきますが、彼はこの歳で大教会の牧師は体力的に無理と自ら辞されたのです――開拓伝道をと考えられたのですが、御家族の反対によって引退されました。これは彼の肉体的状況では賢明だったのですが、理由は、この歳で、自分で週報を印刷し、看板を書き、掃除をし、席を整え、などさせたくないということだったのです。これは本当です。

開拓伝道は自分の力量でできることではありません。私は、よく言われることですが、時の利、地の利、人の利があると思っています。時の利は自ら選ぶことはできませんし、Iテモテ四章2節には「御言葉を宣べ伝えなさい。折が良くても悪くても励みなさい」とあるので、あまり考えるべきではないでしょう。

国分寺教会で牧会していた時、高名な牧師をお招きして特別伝道集会を開きました。時期はよんどころない事情で二月でしたが、生憎その夜は雪が降りました。聴衆は僅か二〇名足らずでした。私は申し訳なくて、講師を送って駅まで行きました。途中で講師はこう言われました、「山下君、ここでは人は集まらんだろう」と。国分寺教会は駅から徒歩五分、商店街を通り抜け、一寸坂を登ったところ。閑静な住宅地としては一等地。それでもこの方には地の利を得ていないと見えたのでしょう。

しかし、私が教会のないところと東所沢を選んだ時、区画整理の結果、道路と上下水道は完備しているものの、街灯は全くと言っていいほどなく、食料品を売っている店は清香堂しかありませんでした。家内は国分寺まで買い出しに行ったものです。しかも武蔵野線といえば、四十分に一本だったのです。つまり東所沢は辺境の地でした。それがいつの間にか地区内に三つも教会（内一つは現在消滅）ができました。区画整理地区内ではありませんが、松郷で教会を始められた某牧師が訪ねて来られ、「今、東所沢は注目の的です」と言われたのには一驚しました。これは時の利というべきか、地の利というべきか。

しかし、地の利は時々不思議な動きをします。私は、どうしてこんなところで開拓伝道を始められたのだろうか、と思うことがあります。始められた方には、ここでなければならない心的内的理由があったのです。従って私は、このことについては何も言うことはできないと感じています。たとえそのためにどんなに苦労されるとしてもです。神がここを定められたということもあるのですから。

私は集会の場所となるべき自宅を建てることにして、あちこち見て歩きました。そのうち紹介された物件の中に、「駅から徒歩可能範囲内」という言葉があるのに気づきました。私は聞いてみました、「これはどういう意味ですか」と。不動産屋は「徒歩十五分以内なら、徒歩可能範囲内。それ以上なら不可能というのが今の常識」と答えました。選んだ現在の私の家はまさに可能と不可能の境目です。事実、礼拝に来られる人々の中には駅からタクシーを利用される方もあったのです。今でもタクシーの運転手さんの中には、私の家を教会として覚えている人がいます。そんなわけで、会堂がいくらかでも駅に近いところにできたことは、私にとって本当に嬉しいことでした。

私は人の利を一番重要に考えています。かねてから教会の核となるべき人が二人いれば、開拓伝道は恵まれると思っていました。幸い国分寺教会は、私と一緒に開拓伝道に当たろうとする人々を、その人の希望によって譲ることを認めてくださいました。私からは一切の働きかけをしないことを条件に。これは私が申し出たところであり、私はそれを守りました。しかし私が言いたいのはそのことではありません。教会が始められた後に加わられた人々のことです。

開拓の教会は人が欲しいのです。もちろん受洗者がたくさんあればそれに越したことはないのですが、そういうわけには行きません。すると転会者です。転会者はすでに何年かの教会生活を送り、経験や訓練も豊富です。そういう人が転会してくれれば開拓教会は随分助かります。しかしいろいろ問題もあります。私の今までの経験から率直に言えば、それまでおられた教会あるいは牧師に不満を抱いて転会される人は、転会された教会でも不満を持つようになられることが多いようです。また、前の教会で経験された、あるいは前の教会ではできなかった良いと思うことを押しつけようとされることがあります。そうすると教会の中がギクシャクしてくるのです。私はお願いすることにしました。「どんなに良いと思われることでも、それを押しつけないでください。この人々と共に、キリストのため、群れのために、何ができるかと考えてください」と。

そういう意味では私は、よい兄弟姉妹に恵まれたと感謝しています。しかしこれもまた、自分ではどうこうすることのできないものです。前にも言ったことがありますが、榎本保郎先生がある開拓教会の応援に行かれた時のことです。その教会の牧師が、「うちの教会には青年がいない」と嘆かれました。榎本先生も開拓の経験があるので、この牧師の嘆きが痛いほどわかる。しかし敢えて言われました、「先生、青年がいるかどうかではなく、大事なのはキリストがおられかどうかということではありませんか」。この牧師はハッとして「そうでした。大事なのはキリストがおられることでした」と言い、二人で熱い祈りをささげたというのです。私も初めの頃、「この教会には男性がいない」「夫婦で来ている人がいない」「青年がいない」と言われたものです。それがいつしか「この教会には男性が多い（?）」「御夫婦が多い」と言われるようになりました。キリストがおられる。人の利はこれについてくるものだと思います。

私が開設の最初から、群れ――共同体の形成を中心に据えてきたことは、今までにも述べて来たところです。かつては信仰は個人主義的に捉えられていましたから、共同体などということはあまり考えられませんでした。最近はいろいろの方が言われるようになり、私は喜ばしく思う反面、一寸危惧も感じています。それはこの言葉が、一致団結と取られたり、管理的な組織を作ることにされてしまわないか、ということです。

私は共同体にとって重要なことは、牧会であり、そして説教だと考えています。説教のことは稿を改めて申し上げることにして（前掲『豊かな礼拝を願って　主の栄光へ向かう群れ』所収）、牧会ということを皆さんはどう考えておられるでしょうか。教会の中でもいろいろの理解があり、牧師のする教理的、教会生活的訓練という意味から、霊的指導、さらには個人に対するカウンセリング的な働きなどまでありります。もちろんそうしたことすべてを含んだものが牧会ということでありましょう。その一方において牧会は個人に対するものとされ、また牧師のなすべきこととされてしまっていたのです。

英語では牧会のことをパストラル・ケアと言います。ここからこの特別なケアはパスター＝牧師がなすべきものという理解が生じたのでしょう。ところがドイツ語でこれに当たるのはゼール・ゾルゲ

(Seelsorge)＝魂への配慮という言葉です。他者の魂への気づかい、これはキリスト者相互はもちろんのこと、およそ人と人との間でなされなければならないことです。但しドイツ語の場合でも、これは個人に対するものでした。最近、魂は複数として、つまり魂たちへの配慮として捉えるべきだという考えが強くなってきました。私は牧会は群れに対してなされるべきであり、群れ全体でなすべきことと考えています。

エゼキエル書三四章は、エレミヤ書二三章1～4節が述べたところをより深め、より広げたものです。しかしここにはエレミヤにはなかった視点が見られます。それは三四章17～22節です（「お前たち、わたしの群れよ。主なる神はこう言われる。わたしは羊と羊、雄羊と雄山羊との間を裁く。お前たちは良い牧草地で養われていながら、牧草の残りを足で踏み荒らし、自分たちは澄んだ水を飲みながら、残りを足でかき回すことは、小さいことだろうか。わたしの群れは、お前たちが足で踏み荒らした草を食べ、足でかき回した水を飲んでいる。それゆえ、主なる神は彼らにこう言われる。わたし自身が、肥えた羊とやせた羊の間を裁く。お前たちは、脇腹と肩ですべての弱いものを押しのけ、角で突き飛ばし、ついには外へ追いやった。しかし、わたしはわが群れを救い、二度と略奪にさらされないようにする。そして、羊と羊との間を裁く。」）。ここでは牧者ではなく、群れが問題とされています。群れの中で、強いものが弱いものを押しのけている状況を問題にしています。パウロがローマ一四章1節～一五章8節に述べているのは、エゼキエルと同じことを教会の中に見ていたからです。

私は役員会に牧会をお願いし、牧会上の問題を話し合う時を持つようにしました。「こころの友伝道」もそうした思いから来ています。

最近、こんな経験をしました。ある他教会の方が、家庭内の問題で私からカウンセリングを受けたいと訪ねてこられました。こんな時大事なことは、一つには相手の話を批判することなく徹底して聴くことです。もう一つは叱ったり、忠告したり、激励したりするのではなく、相手の心を引き上げるようにすることです。

私は話を聞き、慰めの言葉をかけ、ふと思いついて、「あなたの教会の方に相談してみたら」と言いました。その人は答えました、「前に相談したら、その方が『教会の誰それさんはあなたよりもっと重い苦しみを抱えているのに、信仰をもって一生懸命やっている。あなたももっとしっかりした信仰をもってやりなさい』って言われるんです。人の苦しみって、どっちが重いって言えるようなものなのでしょうか。」私は驚いた。この方は、自分の苦しみは「不信仰」と切り捨てられたと感じたことでしょう。同時に、私たちも同じような言い方をしてきたのではないかと、反省させられました。「もっとしっかりしなさい」などと言ってきたのではないでしょうか。「あの人の信仰は、まだだめだ」などと批判してきたのではないでしょうか。それがどんなにその人を傷つけたかも知らずに。

この時失われたのは、この方の、教会の方への信頼であると共に、福音が失われたと感じたのです。今日私たちは、福音を信じていると言いながら、実は福音を失っているのではないでしょうか。人を癒し、慰め、喜びをもたらし、それ故に希望を与え、力を満たす福音を失っているのではないでしょうか。エフェソの信徒への手紙四章29節はこう言っています。

「悪い言葉を一切口にしてはなりません。ただ、聞く人に恵みが与えられるように、その人を造り上げるのに役立つ言葉を、必要に応じて語りなさい」。

「悪い言葉」と訳されているのは、「腐った言葉」、あるいは「役に立たない言葉」です。「腐った」というところからは「相手にいやな思いをさせる」ということが浮かんできます。「役に立たない」ということは、「その人を造り上げるのに役立つ」に対応しています。「造り上げる」は口語訳では「徳を高める」でした。従って相手をおとしめるのではなく、引き上げることを意味します。私はそれが誰であれ、相手を否定するような言葉は、できるだけ避けよう、相手を建てる言葉を語るようにしようと言ってきたつもりですし、私自身も心がけてきたつもりです。

これが牧会、魂への配慮です。「できる人がやればよい。私は口下手だからできない」などと言わないで、お互いに心を用いたいのです。私たちは言葉を頂いているのですから。コロサイの信徒への手紙四章6節はこう記しています。

「いつも、塩で味つけられた快い言葉を語りなさい。そうすれば、一人一人にどう答えるべきかが分かるでしょう」。

私は塩とは、福音のこと、あるいはキリストのことだと理解しています。しかも魂への配慮は群れ全体のわざであり、あなたにも委ねられていることだからです。

私は皆さんにお願いしたいのです。どうか批判の言葉ではなく、徳を建てる言葉を発して頂きたい、相手を引き上げる言葉を発して頂きたい、と。

魂への配慮――アシュラムについて

「十四年をふりかえって」に、「アシュラムを共同体の活動のポイントに据えることとなった」（本書二四三頁）と書いたのにもかかわらず、アシュラムについてはまだ何も書いていませんでした。教会修養会などではいくらか話したことですが、まだご存じない方々のことも念頭に置いて、そもそもの始まりから書くことにいたします。「アシュラムを共同体の活動のポイントに」というのは御言葉に聴き、祈ることを、私たち一人一人の生活に取り入れることを意味しています。

私がアシュラムに触れたのは、一九五三年（昭和二八年）頃だったと思います。戦後一〇年にわたって日本に伝道されたスタンレー・ジョーンズ博士（Eli Stanley Jones, 1884～1973. 本書一一〇頁に写真）によって開かれたアシュラムによってでした。しかし私にはその意味するところがよくわかりませんでした。二、三度の参加に終わり、その後は全く関心がありませんでした。しかし、この運動はその後も、そして今日まで続いています。それを私たちに適合するように、アレンジして提供してくださったのが、榎本保郎《えのもとやすろう》先生（1925～1977）です。

私の松山教会赴任に二年遅れて、榎本先生は今治教会に赴任されました。面識はありませんでしたが、松山教会と今治教会は姉妹関係にありましたから、互いに行き来はあったのに、榎本先生が始められた今治アシュラムには関心がなく、一度も参加したことがありませんでした。

松山教会一〇年の牧会の後、国分寺教会に移りました。私は、キリスト者一人一人が聖書を読み、祈ることを、生活の中に定着しなければ、ほんとうに信仰が成長することはないと考えるようになりました。教会の修養会で「祈り」をテーマに取り上げましたが、「祈り」の大事なことはわかったものの、祈りには至らなかったのです。どうしたらよいのか。私はアシュラムのことを思い出しました。早速榎本先生に電話し、教会のアシュラムをしたいので来て頂けないか、と申したのです。先生は忙しいのと、アメリカ行きのため体を休めておきたいので、行けないとのこと。私が、「誰か代わりの人を紹介してください」というと、「あなたがやりなさい。」私は慌てて第二回教職アシュラムに参加しました。これが榎本先生の最後のアシュラムとなりました。

御存じの方には煩わしいことですが、少し説明させていただきます。アシュラム、という集会の目的は、今、ここで、私に与えられた御言葉を聴き祈ることを、経験することにあります。私たちは、御言葉を読むことはしますが、聴くことはほとんどしていません。後で言いますが、読むことと聴くことは全く違うことです。そこで七、八人位のファミリーと呼ばれるグループに分かれ、先ず独りになってそれぞれが沈黙のうちに御言葉を聴き、次にファミリーとして集まって与えられた恵みを分かち合います。与えられるところは人によって違いますから、一層豊かにされます。そして互いに祈り合います。御言葉に聴く時を「静聴の時」、恵みの分かち合いの時を「恵みの時」と呼び、この組み合わせが、アシュラムの中心です。そしてファミリーの世話役を家長と呼びます。

私は初参加なのに、榎本先生は「あなた、家長をしてください」と言われるのです。「初めてなので」とお断りしたのですが、先生は「大丈夫です」と取り合ってくださいません。以上の主旨なので、恵みの時（恵みの分かち合いの時）は、教えない、質問しない、議論しない、解釈しない、説教（証し）しないが原則です。ところが、いざ始めてみると、何しろ教職ばかりですから、教えようとする、議論しようとする、説教する。私は榎本先生に、「こんなことでいいのですか」と文句を言いました。先生はこともなげに、「いいんです。御言葉が導いてくださいます」と言われます。私は半信半疑でしたが、回を重ねると、確かに御言葉に導かれました。

その後間もなく、先生はアメリカ行の飛行機のなかで倒れ、亡くなられました。それから、私はいくつかのアシュラムに参加し、また教会でアシュラムを開くこととなります。そしていつの間にかアシュラム運動の一端を担うようにさせられたのです。私は自分がこのようになろうとは、夢にも思いませんでした。ただ、今は、私たち一人一人が御言葉に聴き、祈ることを生活の中に取り入れることが、教会を本当の意味で強くすると信じています。

とはいえ、私が奉仕させていただいたアシュラムはそんなに多くはありません。そこから、新しい交わりを与えられ、その交わりから埼玉アシュラムが生まれたことは、何という喜びでしょう。当時日本バプテスト連盟所沢キリスト教会牧師であられた岩波久一先生（現在、宮原キリスト教会）とは、国分寺時代からの交わりでしたが、東所沢に来てから、「身近かなところにアシュラムがあれば」と話し合うようになり、それが実を結んで、一九九七年六月二四日〜二六日の第一回埼玉アシュラムとなりました。また、それに先立つ準備会の時から、そして今も、埼玉アシュラム準備ミニアシュラムを毎月一回、東所沢教会で開かせていただいていることは、まことに感謝です。この会は埼玉アシュラム出席者に限られてはいませんので、どなたでも参加できます。

隠退以来、各個教会で開かれる教会一日アシュラムで奉仕させて頂くことが増えました。今年は六教会になります。また、特別伝道礼拝に招かれた時に、「アシュラムについて話してほしい」と言われることが多くなりました。これはアシュラムについての関心の高まりというよりも、御言葉に聴くことへの関心の高まりではないか、と私は思っています。しかし、御言葉に聴くということは、聖書を読めば、誰でもできることではありません。これは言葉で説明することができないので、経験して頂くほかはありません。つまり、アシュラムに参加して頂くのが一番です。

それでも、少し言葉で申してみましょう。

読むことと聴くこととは、全く違うことです。このことにアシュラムは早くから気付いていましたが、最近いろいろのところで気付き始めてきました。それがE・H・ピーターソン『牧会者の神学』（越川弘英訳、日本基督教団出版局、一九九七年）の中に現れています。このことは牧師にとって緊急の課題であるばかりでなく、全教会にとっても緊急の課題だと思います。

聖書はもともと書かれたものでした。しかしそれは読まれるためではなく、朗読されるためでした。書かれた言葉である聖書は、人の手から人の手へ、時代から時代へと、書き写され、受け継がれてきました。それが大変なことであったにもかかわらず、どんなに正確であったかに、私たちは驚かされます。今から二〇〇〇年前のイザヤ書の写本と、今日私たちが手にしているイザヤ書とは、驚くべき一致を示しています。それは朗読されるものであったからです。そして朗読されることによって、書かれた言葉は生きた声として甦ったのです。このことは古代教会から中世の教会へと受け継がれてきました。

しかし、一四三七年、大きな変化が起こりました。グーテンベルクによる活字印刷の発明でした。短時間に多数の本が出版され、たやすく安価に手に入るようになりました。聖書もそうです。それと同時に、読むことが聴くことに取って代わったのです。この場合、読むことは朗読ではありません。一人で黙読することです。

しかし、読むことと聴くこととは同じではありません。読むことはその人の主体的な行為です。気に入れば、気に入った本を取り上げ、読みたいところを読み、気分次第で閉じることができます。そして何も起こりません。しかし、聴くことには語る相手があり、語る人が主導権を握っています。聴く人に対して何らかの応答を求めます。そして聴く人が応答する時、そこに祈りが生まれ、人格的な関係が生じ、出来事が起こります。私は、こうした聖書によって語ること、聴くこと、応答することが起こるのは、聖霊の働きであり、聖霊なしには起こらないと思っています。

私たちは今日、聖書を読むほかはないので、読むことから聴くことへ転換せねばなりません。その心の働きを「黙想」と呼んでいます。「黙想」は古くからの教会の遺産でした。カトリック教会はそれを、「念祷」（沈黙の祈り）という形で保っていますが、プロテスタント教会ではほとんど失われてしまいました。私はそれを回復せねば、教会は強くならないと考えています。

ところで、聖書に聴く時、注意したいことは、そこに「教訓」を、「戒め」を、「ねばならぬ」を読んでしまうことです。確かにそういう形のところもありますが、それでも、いつでも、福音、喜びのおとずれなのです。私は最近「福音する」という言い方があることを知りました。聖書は福音してくださるのです。私たちはそれを聴くようにしましょう。

私は、「アシュラムは苦手で」という方があるのを知っています。おそらく、「恵みの時」に何かを言わねばならないことでしょう。気の利いた、良いことを言わなければという思いは不要、いや、邪魔になります。しかし、自分が心を開かねば、相手も心を開いてくれないのも事実です。自分が心を開けば、聖書も心を開いてくださるのです。どんな小さなことでも心に感じたことを述べれば、開かれてくるのです。そしてそれが他の人を一層豊かにします。それを御言葉が働くというのです。

大事なのは、アシュラムへの参加ではありません。自分の生活の中に、御言葉に聴き、黙想し、祈る時を定着させることです。しかし、これがなかなか困難なのです。ただ、挫折してはだめ、というようなことはありません。三日坊主なら、三日坊主をまた始めればよいのです。その時、自分のために祈ってくださる方があるということは、大きな励ましとなります。アシュラムのファミリーはこのため祈り合う約束をします。それがアシュラムのもうひとつの意味です。

あとがき

二〇〇四年八月に出版した『豊かな礼拝を願って　主の栄光へ向かう群れ』（二〇〇四年、ヨベル）に収載できなかった講話を中心に纏めたものが本書です。家庭集会という雰囲気の中で随分自由に、また楽しそうに話しをされていることが随所から伝わってきます。

「死と生」以外のテープ起こしは、東所沢教会員の五井 純姉が大変な労力で、また丁寧に文字原稿にしてくださいました。山下萬里牧師の口癖も含めて！ そういう部分等は読みずらいこともあり、随分割愛させていただきましたが、その責任は編集者にあります。

召天されましてから八年以上が過ぎましたが、録音された説教を聴いているとデジタル録音されたものほど、臨場感とその息づかいがリアルに再現され、隣で語られているような錯覚を覚えさせられ、「これってどういう意味ですか？」などと繰り返し心の中でしゃべっている自分に気づかされました。

今回、原稿全体を敬愛する宮村武夫先生に読んでいただき巻頭言を書いていただきました。二〇〇九年十二月十八日（金）に脳梗塞で倒れられましたがリハビリを通して随分回復され、会話力は以前と変わらぬほどです。熟考された暖かなエッセイをお読みいただければ幸いです。

また日本ケズィック等でお世話になり、小社をいつも応援してくださるウェスレアン・ホーリネス教団 浅草橋教会・黒木安信先生には多忙な牧会にもかかわらず、丁寧に原稿に目を通していただき、数々のご指摘を頂きました。この場を借りて心から御礼いたします。また、講話全体の内容を変えるような、大きな変更は一切行っておりません。

全国の教会で家庭集会が多様な形で行われていますが、その豊かな交わりに、本書が役立てば幸いです。本書に接するお一人おひとりが主イエスとの深い交わりへとさらに導かれますことを祈りながら編集作業を終えたいと思います。最後にわたしの好きな聖書の言葉を記して終わりにしたいと思います。

あなたがたは主の書をつまびらかに
たずねて、これを読め。
これらのものは一つも欠けることなく、
また一つもその連れ合いを欠くものはない。
これは主の口がこれを命じ、
その霊が彼らを集められたからである。（イザヤ書三四16　口語訳）

二〇一二年八月二五日

編集者

山下萬里（やました・ばんり）
1924年兵庫県・神戸市生。1945年同志社大学文学部神学科卒業。1950年按手礼―日本基督教団正教師。1946年弓町本郷教会伝道師、1949年札幌北光教会副牧師。1952年小樽公園通り教会牧師。1960年松山教会牧師（四国教区総会議長歴任）。1970年国分寺教会牧師。1986年4月～2000年3月東所沢教会牧師（開拓伝道）。2000年4月より日本基督教団東所沢教会名誉牧師。2004年1月18日召天（79歳）。

主な著書　『礼拝に生きる祈り』2005.『豊かな礼拝を願って　主の栄光へ向かう群れ』2004.『ヨハネによる福音書に聴く I/II/III』2002～2003、2007合本.『われ信ず ―― 現代に生きる使徒信条』2001.『出会いの贈り物　山下萬里説教集上』2000.『光の中の創造　山下萬里説教集下』2000. 説教集 I『平安をつたえる群れ ―― 神の息に生かされて』1988. 説教集 II『山発 ―― 主、備えたもう』1988. 説教集 III『恐れるな ―― 選びにこたえて』1990. 説教集 IV『土の器 ―― み言葉にゆだねて』1991.（共にヨベル刊）、『死の陰の谷を歩むとも』（共著）1983.『新しい教会暦と聖書日課』（共著）1999.（共に日本キリスト教団出版局刊）

ヨベル新書 007
死と生 ―― 教会生活と礼拝

2012年10月22日　初版発行

著　者 ― 山下萬里
発行者 ― 安田正人
発行所 ― 株式会社ヨベル　YOBEL Inc.
〒113-0033　東京都文京区本郷4-1-1
Tel 03-3818-4851　e-mail：info@yobel.co.jp

DTP・印刷 ― 株式会社ヨベル

配給元―日本キリスト教書販売株式会社（日キ販）
〒162-0814　東京都新宿区新小川町9-1
振替 00130-3-60976　Tel 03-3260-5670
©2012 Printed in Japan　ISBN978-4-946565-73-1 C0016